JOSEPH ROUSSE

POÉSIES BRETONNES

Au pays de Retz

Poèmes italiens et bretons. — Cantilènes
Souvenirs et Légendes

PARIS
ALPHONSE LEMERRE, ÉDITEUR
27-31, PASSAGE CHOISEUL, 27-31

M D CCC LXXXII

POÉSIES BRETONNES

JOSEPH ROUSSE

POÉSIES BRETONNES

Au pays de Retz
Poèmes italiens et bretons. — *Cantilènes*
Souvenirs et Légendes

PARIS

ALPHONSE LEMERRE, ÉDITEUR,

27-31, PASSAGE CHOISEUL, 27-31

M D CCC LXXXII

Je dédie ce livre, où j'ai réuni toutes mes poésies, à ma chère femme,

Marie-Thérèse Rousselot.

J. R.

DANS les peintures trouvées à Pompéi, on voit que les artistes anciens, avec quelques traits et des teintes légères, reproduisaient les paysages les plus gracieux et les figures les plus élégantes. Il y a loin de ces œuvres d'un art facile et rapide aux tableaux d'un Holbein ou d'un Léonard de Vinci, dont les effets profonds n'ont été obtenus que par un grand effort de pensée et de travail. Elles n'en ont pas moins leur valeur et leur charme.

J'ai tenté dans ces POÉSIES de rendre les impressions qu'ont faites sur moi la Nature et l'Art avec un procédé littéraire un peu analogue aux moyens dont usaient les peintres de Pompéi.

Il me semble qu'un paysage, une attitude, peuvent être décrits en quelques vers, pourvu que les traits soient bien choisis. Les grands poètes de l'antiquité sont rarement longs dans leurs tableaux. Quand on croit avoir mis l'image devant l'esprit du lecteur, pourquoi insister ? On risquerait de l'obscurcir et on chasserait peut-être la rêverie prête à s'éveiller.

1882.

AU PAYS DE RETZ

*Ne bois que dans une coupe
de pur cristal.*

Hebbel.

AU LECTEUR

Après avoir parcouru la Bretagne et visité les tombeaux de Châteaubriand, de Brizeux, de Boulay-Paty, je traversais la Loire pour rentrer au pays de Retz. C'était un soir de printemps, et je rêvais, en regardant l'horizon vers l'embouchure du fleuve. Le ciel était couvert comme d'un immense manteau violet dont le bord, au couchant, se rayait de bandes de pourpre. Ces bandes pâlirent peu à peu et prirent des teintes orangées ; puis le soleil, qui était caché derrière les nuages, parut comme un globe d'or dont les rayons s'allongeaient sur les eaux grises.

Tout en admirant le ciel et ses couleurs, je songeais aux contrées que je venais de parcourir, et, leur comparant mon pays natal dont j'apercevais les rives, je me disais qu'il n'était pas indigne des autres pays bretons.

Je voyais ces bords de la Loire, si frais en avril, quand les peupliers et les saules se parent de leur jeune feuillage, si mélancoliques en hiver, quand l'air est chargé de sombres nuées ; l'imagination me montrait les côtes de l'Océan bordées de dunes où j'avais passé tant d'heures charmantes à suivre des cours d'eau sinueux et limpides, à travers des vallées sablonneuses toutes fleuries d'œillets, de thlaspi blanc, d'euphorbes veloutés, de chardons bleus, de giroflées qu'on dirait poudrées avec une poussière de cristal. Je croyais revoir les grèves immenses, les rochers couverts de goémons et d'algues vertes, habités par des oiseaux plaintifs, la pointe de Saint-Gildas avec son magnifique horizon, la baie de Bourgneuf et ses falaises, les salines qui étincellent comme des miroirs parmi les champs de fèves aux fleurs parfumées, les vallons boisés et les plaines arides, les rives monotones du lac de Grand-Lieu, dont les eaux recouvrent une ville engloutie. Puis, embrassant d'un souvenir tout ce pays de Retz, parsemé de débris celtiques, de vieux donjons et de jeunes églises, pensant à ces populations, toujours fidèles aux croyances et aux chansons d'autrefois, comptant ses jolis bourgs et ses petites villes pittoresques, Machecoul, la vieille capitale, Pornic, aimé des artistes et chanté par Brizeux, Paimbœuf, la ville silencieuse et déchue, je me répétais qu'il ne déparait pas la Bretagne, que Nominoë avait eu bon goût en désirant l'adjoindre à son royaume, et que les barons de Retz, au temps où la patrie bretonne était libre, avaient bien le droit de placer leur écusson, *d'or à la croix de sable,* au quatrième rang parmi les armes des neuf anciens barons de Bretagne.

Cette pensée m'occupait encore, quand le bateau qui me portait aborda aux quais de Paimbœuf, déjà voilés de la brume du soir.

Depuis ce jour, la maladie m'ayant fait des loisirs, j'ai essayé de rendre la poésie des sites et des mœurs au milieu desquels j'ai vécu. Ce petit livre est né de mes rêveries. La vue d'un beau paysage adoucit la souffrance, mais ceux qui aiment la nature sont bien tentés d'exprimer les joies qu'elle leur donne, et « *la beauté,* comme l'a dit Jean-Paul Richter, *est un rocher sur lequel tous les hommes cherchent à échouer, car il abonde en perles.* »

PORNIC, 1866.

LES PIFFERARI

A M Emile Grimaud

Sur les tours du château la neige étincelante
Fondait aux doux rayons d'un beau soleil d'hiver ;
Les arbres secouaient leur parure brillante,
Et la grive en chantant traversait le ciel clair.

Deux bergers d'Italie, errant dans la Bretagne,
Parurent sur le pont qui conduit au manoir.
L'étranger les avait chassés de leur montagne ;
Les enfants curieux se pressaient pour les voir.

Ils portaient le hautbois et la piva rustique
Sur leurs dos qu'abritaient des toisons de brebis.
Des airs napolitains sous le ciel d'Armorique
Éveillèrent bientôt les échos endormis.

Ils jouèrent longtemps, mais nulle châtelaine
Ne les encourageait d'un signe gracieux ;
Ils jouèrent encore et perdirent leur peine,
Car le château désert resta silencieux.

Les deux pifferari, comprenant leur méprise,
Rompirent en riant un morceau de pain noir,
Et, sous le porche assis à l'abri de la bise,
Ils écoutaient siffler les merles du manoir.

Comme eux si vous chantez vainement, ô poètes,
Rompez aussi le pain sans le mouiller de pleurs.
Ne restez point courbés sur vos lyres muettes,
Mais chantez seulement pour soulager vos cœurs.

    Pornic.

LA HULOTTE

La hulotte se plaît au milieu des ruines,
Sur les remparts chargés de lierres et d'épines,
Les colombiers déserts, les tours, les vieux clochers.
Elle aime au bord des flots les antres des rochers,
Les chênes dont l'hiver épargne le feuillage,
Les sapins isolés dans la lande sauvage.
Elle chante la nuit, et ses gémissements,
Doux pour quelques rêveurs, attristent les passants.

Ainsi que la hulotte, amante des ruines,
Je vais cherchant partout dans les plaines voisines
Les antiques débris et les vieux souvenirs,
Et, quand j'ai cru toucher le but de mes désirs,
Je reviens tout joyeux, rêvant de poésie.
A ce qui chante en moi je veux donner la vie ;
Je prends mon humble luth ; mais je sais que mes chants
Ne seront écoutés que des rêveurs souffrants.

LE MENHIR

A la mémoire de mon père

Les cigales chantaient dans les landes stériles ;
Sous les feux de midi les troupeaux immobiles,
Pour abri se prêtaient l'ombre de leurs toisons :
Un berger, en tressant quelque hochet de joncs,
Sifflait dans un pipeau fait d'écorce de saule.
Des pêcheurs, qui portaient leurs filets sur l'épaule,
Descendaient vers la grève, et j'allais avec eux,
Sur les landiers fleuris marchant d'un pas joyeux,
Tout heureux de revoir la bruyère et les menthes,
Et la brande, si verte au bord des eaux dormantes.
En passant j'aperçus, couronnant un menhir,
Des fleurs que le soleil commençait à flétrir.
C'étaient des iris bleus et des œillets sauvages,
Mêlés de tamarins cueillis sur les rivages.
— « Qui donc a couronné de guirlandes de fleurs
Ce géant de granit ? — demandai-je aux pêcheurs.
L'un d'eux me répondit qu'à la saison nouvelle,
Chaque année on lui rend cet hommage fidèle.

Ensemble ils disaient tous : — « C'est un usage ancien,
Nos pères le faisaient. » — Bretons, ils faisaient bien,
Car c'était le passé que véneraient vos pères,
En ornant ce menhir, vieux géant des bruyères.
Arrivé près des flots, je cherchais pour m'asseoir
L'ombre d'un tamarin qui sort d'un rocher noir
Et laisse sur les eaux pendre ses longues branches,
Que viennent insulter parfois les vagues blanches.
Je suivais du regard la marche des pêcheurs,
Le vol capricieux des courlis voyageurs ;
Puis j'écoutais le chant de la barge plaintive
Et le bruit cadencé d'une source d'eau vive,
Qui du roc entr'ouvert tombe en nappe d'argent ;
Mais ces mots des pêcheurs me revenaient souvent :
— « Nos pères le faisaient. » J'y rêvais en silence,
Y trouvant à la fois et sagesse et science ;
« Nos pères le faisaient ; » je voyais dans ces mots
Une règle, un appui, le chemin du repos.

Du Passé qui s'éteint gardons quelques lumières !
Faisons ce qu'avant nous ont toujours fait nos pères !

1865.

LES COUCHERS DE SOLEIL

Gemitus ægri.

Quand j'ai vu le soleil se coucher sous les chênes,
La mer à l'orient assombrir ses flots bleus,
Les phares s'allumer dans les îles lointaines,
Je regagne mon toit, calme et presque joyeux.

C'est une goutte d'eau sur ma lèvre brûlante,
Un éclair de plaisir dans mes longues douleurs,
Car celui qui n'a rien de bien peu se contente,
Et les fleurs du désert sont les plus douces fleurs.

Je souffre, et ma tristesse est amère et profonde ;
Mais tant d'autres meilleurs ont souffert avant moi,
Qui, courbés sous la croix, ont traversé le monde
Sans jamais, ô mon Dieu, vous demander pourquoi !

Pornic, 1863.

UN JOUR D'AUTOMNE

Entre deux collines sauvages,
Je suivais le bord d'un étier ;
Les chênes perdaient leurs feuillages,
Les fruits tombaient de l'alizier.

Le ciel grisâtre de l'automne
Se réfléchissait dans les eaux ;
La bise froide et monotone
Courbait la tige des roseaux.

Un marinier dans sa nacelle
Passa vers le déclin du jour ;
Il chantait la beauté fidèle,
La saison des fleurs et l'amour ;

Mais les alouettes marines,
Fuyant au détour de l'étier,
Avec les échos des collines,
Riaient des chants du marinier.
      1865.

LA LANTERNE DES MORTS

Le vent pleurait ce soir dans la tour funéraire,
Où le cierge des morts s'allumait autrefois :
A l'écouter gémir, on eût dit une voix
Regrettant ce flambeau, symbole de prière,
Qui veillait dans la nuit, au milieu des tombeaux,
Tandis que les vivants se livraient au repos.
Sur le toit de l'église où brillait la rosée
Les étoiles jetaient leurs vacillants rayons,
Et, flottant dans les airs, une brume irisée
Voilait la haute flèche et ses blancs clochetons.
Le bourg silencieux dormait au bruit des vagues.
Près du cloître désert passaient des formes vagues,
Ombres des noirs cyprès balancés par le vent,
Qu'on eût prises de loin pour des Bénédictines
Revenant dans la nuit visiter ces ruines,
Qui furent autrefois les murs de leur couvent.

O Lanterne des morts, tourelle poétique,

L'étranger curieux s'arrête devant toi.

Il demande aux vieillards pour quel usage antique

Tu us construite ainsi dans les siècles de foi ;

Puis il s'en va rêvant à ta pâle lumière,

Plein d'un doux souvenir de ce vieux cimetière.

 Les Moutiers-en-Retz.

« La Lanterne des Morts, petite tour placée dans le cimetière des Moutiers, est peut-être le seul édifice de ce genre que l'on connaisse en Bretagne. » (*Petite Géographie de la Loire-Inférieure*, par MM. Talbot et Guéraud.)

LES PASSEREAUX

Dans le rosier qui grimpe autour de ma fenêtre,
Déjà les passereaux ont commencé leurs nids ;
Ils cachent le duvet, les brins d'herbe jaunis,
Sous les feuillages verts où les roses vont naître.

Ils m'éveillent dès l'aube avec leurs cris d'amour,
Et bientôt sur ses œufs je surprendrai la mère ;
Je verrai son époux voltiger alentour
Et boire la rosée où tremble la lumière.

Les fruits auront rougi dans le grand cerisier,
Quand des nids j'entendrai sortir des voix nouvelles.
Les jeunes passereaux pour essayer leurs ailes
Y feront leur demeure en quittant le rosier.

L'été sera joyeux, et lorsque dans les treilles
L'automne aura doré le raisin parfumé,
Ils iront se nourrir de ses grappes vermeilles,
Cueillant ainsi partout ce qu'ils n'ont point semé.

Mais la bise d'hiver soufflera dans la plaine,
Et couvrira les champs de neige et de cristal ;
Alors se souvenant de leur rosier natal,
Ils viendront à ma vitre et me diront leur peine.

Je les écouterai ; j'ai connu le malheur ;
J'égrènerai le mil au bord de ma fenêtre ;
Mes dons ne seront point un appât d'oiseleur :
Dans une cage d'or l'oiseau maudit son maître.

LES CHANSONS D'UNE FOLLE

Pauvre folle qui vas chantant dans tous nos bourgs
Les chansons du pays et les vieilles légendes,
En portant à la main, quand viennent les beaux jours,
Un roseau comme un thyrse entouré de guirlandes,
J'aime entendre ta voix ! Ainsi que les enfants,
Je te suis dans la rue et j'écoute tes chants.

De la Tradition tu me sembles l'image :
Écho des temps anciens, aux hommes de notre âge
Redis tes souvenirs ! Que ton roseau fleuri
Attire autour de toi les enfants et les femmes ;
Car, bien mieux qu'un savant sur les livres blanchi,
Tu graves par tes chants le passé dans les âmes.

LA TOUR DES COLOMBES

Ut turris, sic anima.

Sur la falaise, au bord d'une étroite vallée,
Devant les flots s'élève une tour isolée.
Des colombes naguère y faisaient leur séjour.
Dès l'aube on entendait leurs murmures d'amour.
Le passant les voyait couvrant le toit sonore,
Toutes roses des feux empourprés de l'aurore.

Sitôt que le soleil de ses rayons naissants
Dissipait les vapeurs qui flottaient sur les champs,
Ensemble elles volaient pour y chercher les graines,
Les épis des moissons, l'eau pure des fontaines.
Le soir les ramenait vers le toit de la tour,
Où des roucoulements annonçaient leur retour.

Ce temps est déjà loin, car la tour est déserte.
Un buisson d'églantiers défend sa porte ouverte ;
La ronce pend aux murs tout près de s'écrouler,
Et si parfois, le soir, on entend roucouler
Quelque colombe encor sur son toit solitaire,
Elle se tait bientôt : ce n'est qu'une étrangère.

Sainte-Marie, près Pornic.

A UN POÈTE SCEPTIQUE

A mon ami C. R.-B.

En fixant mon regard sur tes vitres glacées
Qu'argentait un rayon, je songeais à tes vers :
Ils sont comme un tissu de brillantes pensées ;
Mais j'aurais bien voulu voir le ciel à travers.

1866.

PRÈS D'UN DOLMEN

A Ernest Bridon

> « *La poésie, comme la philosophie, s'occupe de la recherche du vrai.* »
> Vico.

> « *Poète et philosophe, c'est la même chose sous deux noms différents.* »
> Novalis.

A l'heure où vient la nuit, j'errais sur le rivage ;
Nul souffle de la mer ne troublait le repos,
La lune se levait, d'or pur, et son image
Comme un pilier de feu s'allongeait dans les flots.

L'Océan s'engouffrait dans des gorges profondes,
Et les oiseaux de mer qui viennent s'y coucher,
Réveillés par le bruit, s'enfuyaient sur les ondes,
Quand l'écume volait aux parois du rocher.

Le coteau qui couronne une pointe voisine
Est onché de dolmens : aujourd'hui les serpents

Dans les creux du granit boivent l'eau cristalline
Que le ciel fait tomber sur ces autels sanglants.

J'aperçus, au milieu de ces tables de pierre,
Un agneau dont la tête avait un nimbe d'or.
La lune lui formait ce disque de lumière.
Il bêlait doucement ; je crois l'entendre encor.

Je m'arrêtai, plongé dans un rêve mystique ;
Malgré moi j'y trouvais un emblème divin,
Quand je vis tout à coup fuir l'agneau symbolique,
A l'appel d'un berger passant dans le lointain.

Mais j'allai poursuivant le cours de mes pensées :
O Christ ! ami du faible et des âmes blessées,
Seul vrai consolateur, votre souffle puissant
A détruit les autels qui s'abreuvaient de sang.
Doux messager de paix, vous apportiez au monde
La foi, la charité, l'espérance féconde.
Une moisson d'amour en a longtemps germé ;
Mais le Doute aujourd'hui, quand vous avez semé,
Passe foulant aux pieds la divine semence.
Les ombres des faux dieux s'approchent en silence :
Ils règneront bientôt ; les hommes à genoux

N'adorent que la Force en tremblant sous ses coups.
Tous les cœurs sont remplis d'une vague tristesse :
La gaieté s'éteint même au front de la jeunesse.
On voit des fruits ridés bien avant de mûrir,
Et des boutons flétris qui n'ont pas pu fleurir.
Au milieu du désert les âmes sont assises,
Attendant chaque soir la rosée et les brises
Qui doivent apporter sur les sables ardents
La fraîcheur et la paix, les germes fécondants ;
Mais le ciel est d'airain et les nuits sont brûlantes.
Le jour revient armé de flammes dévorantes,
Et les âmes, voyant s'accroître leurs douleurs,
N'ont pas même parfois la ressource des pleurs.
Mon Dieu, soyez béni, vous qui mettez encore
Un peu de vieille joie au cœur qui vous adore.
Vous avez les trésors de la sérénité ;
Répandez-les, Seigneur, sur notre aridité.
On raille vos croyants, mais aux heures funèbres
Où la mort devant l'homme entr'ouvre ses ténèbres,
Celui qui croit en vous dans la paix de son cœur
S'endort en espérant l'aube d'un jour meilleur.

1865.

L'URNE DE MARBRE

A ma sœur Anna.

A l'angle d'un vieux parc, un pilier solitaire
Porte une urne de marbre élégante et légère.
Les saisons ont passé sur elle et bien des ans
Sans ternir la blancheur de ses contours charmants.
Les rossignols de mai, les mésanges d'automne,
La mouche de saphir, le frelon qui bourdonne,
Tour à tour sont venus se poser sur ses bords,
Puis les flocons de neige et les feuillages morts ;
Mais elle est toujours belle et presque souriante,
Et pleine encor souvent d'une onde transparente,
Source de pureté, blanc réservoir d'amour,
Où puisent les oiseaux et les rayons du jour.

Il est des cœurs aimants dont cette urne est l'image,
Toujours bons, toujours purs, que les glaces de l'âge,
Les ennuis, les chagrins, n'ont jamais pu ternir.
Qui ne demandent rien à l'obscur avenir,
Sont prêts à tout donner, ne voulant qu'une chose :
La paix, rose du ciel et dont Dieu seul dispose.

LE MENDIANT DE PRIGNY

C'était un jour coupé de soleil et de pluie,
Mais de pluie argentine et qu'un rayon essuie.
L'air était parfumé de cette odeur de miel
Qu'exhale le troène : un brillant arc-en-ciel
Au-dessus de Prigny couronnait les nuages.
Des toits rouges et bruns dominant les feuillages
Se groupaient au hasard, et parmi les ormeaux
L'église abandonnée, asile des oiseaux,
Élevait son clocher envahi par le lierre.

Quand je franchis le seuil de l'étroit cimetière,
Un mendiant dormait, sur une tombe assis.
Les mendiants bretons sont riches en récits ;
J'attendis son réveil ; mais avec les années
Les fleurs du souvenir en lui s'étaient fanées,
En vain je lui montrai les débris du château,

Les murs de l'abbaye épars sur le coteau,
Le vallon où jadis arrivaient les navires;
Il répondait toujours par de vagues sourires,
Sourires des vieillards redevenus enfants.
Sa mémoire avait fui sur les ailes du Temps.
Je le plaignis d'abord, mais sous son front d'ivoire
Le calme et la gaîté vivaient sans la mémoire ;
Et bientôt je me dis, le voyant si joyeux :
Léger de souvenirs, n'est-il pas plus heureux !

LES DEUX CLOCHERS

> « Sento l'aura mia antica, e i dolci colli veggio apparir..... »
>
> *Je sens ma brise d'autrefois et je vois apparaître les douces collines.*
>
> PÉTRARQUE, sonnet CCLXXIX.

Quand nous étions petits, autour de notre mère
Nous allâmes, un jour, près des flots nous asseoir
Et l'onde, où le soleil éteignait sa lumière,
Nous jetait ses parfums et la fraîcheur du soir.

A l'horizon, du sein des vapeurs violettes,
Deux clochers de granit montaient dans un ciel d'or.
Ma mère, l'œil humide et les lèvres muettes,
Les regardait souvent ; je crois la voir encor.

Nous nous taisions, sachant que son cœur d'un coup d'aile
Volait vers ces clochers ; c'était là son pays,
Son pays que la mer avait séparé d'elle,
Où dormaient ses aïeux, où vivaient ses amis.

SOUVENIR

DU TOMBEAU DE CHATEAUBRIAND

> « *Le dernier acte est toujours sanglant, quelque belle que soit la comédie en tout le reste. On jette enfin de la terre sur la tête et en voilà pour jamais.* »
> Pascal, *Pensées*.

Je traversais la grève au lever de l'aurore.
Les brumes de la nuit enveloppaient encore
Le ciel et l'Océan, mais de rouges lueurs
Se miraient dans les eaux à travers ces vapeurs.
Au-dessus des remparts, j'apercevais l'église,
Parmi les toits pressés dressant sa flèche grise.
Devant moi, j'entendais le grondement des flots
Qui couraient sur le sable et battaient les îlots.

Lentement je gravis le rocher solitaire
Où dort le grand rêveur qui passa sur la terre,
Isolé dans sa gloire et son immense orgueil,
Et voulut pour tombeau cet admirable écueil.

Le vent soufflait ; bientôt il balaya la brume,
Découvrant les îlots tout ruisselants d'écume.
Non, jamais l'Océan ne m'apparut si beau !
J'étais ému devant ce sublime tableau,
Mais plus encor de voir près de la croix de pierre,
Appuyé sur la grille et faisant sa prière,
Un enfant qui gardait quelques moutons épars ;
Et tandis que sur lui je fixais mes regards,
Je pensais : — « O René, les louanges du monde
Ne seront plus pour toi que vanité profonde !
Longtemps sur ce rocher viendront quelques rêveurs,
Mais l'écho des regrets de tes admirateurs
Ne vaudra pas ces mots récités de mémoire
Par un pauvre berger ignorant de ta gloire ! »

LA FONTAINE DE SAINT MARTIN*

A ma sœur Caroline

Les grands saints ont aimé les champs et la nature ;
Ils ont connu le monde et l'ont fui sans regrets ;
La solitude est douce à ceux dont l'âme est pure ;
Quand les hommes sont loin, Dieu leur semble plus près.

Saint Martin habita près de cette fontaine,
Qui coule si limpide au penchant d'un coteau.
La légende le dit et je le crois sans peine,
Car là tout est charmant : le site et le ruisseau.

Au milieu des genêts qui couvrent la colline,
Une grotte se creuse aux flancs noirs d'un rocher.

* Saint Martin, abbé de Vertou. Cette fontaine est située près de Pornic.

Un vieux chêne l'ombrage avec une aubépine,
Où les oiseaux du ciel, le soir, vont se coucher.

Le rocher, tapissé de mille plantes vertes,
Pleure silencieux, et ses larmes d'argent
Tombent dans un bassin dont les eaux sont couvertes
De pétales de fleurs jetés là par le vent.

Du bassin le ruisseau descend dans la vallée ;
On l'entend murmurer sur un lit rocailleux,
Mais la menthe touffue et l'ache dentelée,
Le voilent de feuillage et le cachent aux yeux.

Souvent des pèlerins viennent à la fontaine ;
Ils boivent à genoux dans le creux de leur main,
Et pour être guéris mettent au pied du chêne
Un denier que prendront les pauvres du chemin.

Dans cette grotte ombreuse où la ronce mobile
Pend comme une liane, il est doux de rêver.
J'y lis avec amour Théocrite et Virgile,
En écoutant les pleurs qui tombent du rocher.

La flûte à sept tuyaux des chevriers antiques
N'a jamais résonné dans l'air pur de nos champs,
Mais j'aime nos bergers aux voix mélancoliques,
Et de nos moissonneurs les vieux refrains traînants.

Tout en rêvant, je songe au pieux solitaire
Qui passa quelques jours dans ce riant vallon ;
Il me semble le voir, d'une beauté sévère,
Et me montrant du doigt le céleste horizon.

LE BOURG NATAL

A ma mère

« *Le soleil avait passé sur la rosée de sa jeunesse
et chaque goutte était devenue un diamant.* »
Jean-Paul RICHTER, *Titan*, T. III.

L'abeille se souvient de sa ruche natale ;
L'hirondelle à son nid revient chaque printemps ;
Mon âme, allons revoir et parcourir les champs
Où la vie eut pour nous sa beauté matinale.

J'aime notre vieux bourg au milieu des blés mûrs,
Bornés dans le lointain par la mer azurée ;
J'aime notre maison de sa treille entourée,
Avec les liserons qui grimpent à ses murs.

Voilà cette fenêtre où, les soirs de novembre,
J'entendais les pluviers passer dans le ciel gris.
Du haut de ce balcon quelquefois j'ai surpris
L'aurore souriant aux neiges de décembre.

Mon père s'asseyait au pied de ce jasmin ;
Des loriots suspendaient leurs nids dans ce grand chêne ;
Mes sœurs, en se penchant au bord de la fontaine,
Agaçaient les échos de leur rire argentin.

Quand on cueillait les fruits, je me souviens encore
De la senteur des coings parfumant le grenier ;
Nos jeunes bras pliaient sous le poids d'un panier,
Et les pommes roulaient dans l'escalier sonore.

De riants souvenirs remplissent la maison :
Voici le grand foyer et ses chenêts antiques ;
C'est là qu'on nous disait des récits fantastiques,
Devant un feu de lande, au chant clair du grillon.

Le bourg a peu changé, mais le vieux presbytère
Est tombé sous les coups du stupide marteau,
Avec son beau portique ombragé d'un ormeau
Et qui semblait gardé par deux anges de pierre.

Dans ce chemin je vis un triomphe brillant,
Plus de cent bœufs, ornés de fleurs et de verdure,
Traînant un char couvert d'une riche tenture,
Qui portait un évêque au regard souriant.

Cette maison moussue à la porte ogivale
Est celle où, dans les soirs qui précèdent Noël,
En habits de théâtre et d'un ton solennel,
Les jeunes paysans jouaient la pastorale.

Noël ! à cette nuit je songe avec bonheur !
On voyait scintiller dans la campagne sombre
Et s'approcher du bourg des lanternes sans nombre,
Quand les cloches sonnaient la messe du Sauveur.

L'église est toujours pauvre et ses vieilles toitures
Tremblent au vent de mer sur des murs chancelants.
J'ai reconnu les saints, le christ aux pieds sanglants,
Les tableaux, les autels aux gothiques sculptures.

J'aurais aimé goûter un jour le vrai repos
Sous l'odorant fenouil, auprès de cette église ;
Mais on dit que les morts ont corrompu la brise,
Et dans un champ lointain on va porter leurs os.

    La Plaine, 1863.

LA VEUVE

Une veuve cardait la laine aux blancs flocons,
Par un beau jour d'avril, au seuil de sa chaumière.
A ses pieds son enfant, pâli par la misère,
D'une branche de saule effeuillait les bourgeons.

Les rossignols chantaient dans les vertes vallées ;
Mais qu'importe leur chant aux âmes désolées ?

Un vieux prêtre en passant près d'eux s'était assis.
Le malheureux toujours veut verser sa souffrance,
Même en un cœur rempli pour lui d'indifférence.
La veuve lui parla bientôt de ses soucis.

Les rossignols chantaient dans les vertes vallées ;
Mais qu'importe leur chant aux âmes désolées ?

Elle disait : — « Je souffre et je n'ai pas vingt ans.
« La toux et le chagrin dévorent ma poitrine ;
« Quand les premiers frimas blanchiront la colline,
« La mort aura fermé mes yeux depuis longtemps. »

Les rossignols chantaient dans les vertes vallées ;
Mais qu'importe leur chant aux âmes désolées ?

« Alors, ô mon enfant, qui prendra soin de toi ?
« Quand ton père vivait, notre pauvre chaumière
« S'éclairait d'un rayon de joie et de lumière...
« Aujourd'hui tout est sombre et triste autour de moi. »

Les rossignols chantaient dans les vertes vallées ;
Mais qu'importe leur chant aux âmes désolées ?

« Que Dieu dans sa bonté daigne exaucer mes vœux :
« Puissions-nous, ô mon fils, mourant à la même heure,
« Dans un même cercueil quitter cette demeure ! »
Le vieux prêtre écoutait, des larmes dans les yeux.

Les rossignols chantaient dans les vertes vallées ;
Mais qu'importe leur chant aux âmes désolées ?

Quand l'automne rougit les pampres du coteau,
Dieu se souvint des vœux de cette pauvre mère :
Il envoya la mort un soir dans la chaumière ;
La veuve et son enfant ont le même tombeau.

Les chants avaient cessé dans les mornes vallées ;
Mais ceux du ciel charmaient deux âmes consolées.

LA ROUTE ABANDONNÉE

La foule a délaissé le chemin qui serpente
Au flanc de ces coteaux où la lande fleurit.
On ne voit plus les chars se suivre sur sa pente,
En creusant un sillon dans le roc qui gémit.
Mais qu'importe la foule, ô voie abandonnée ?
Que t'importe l'oubli ? N'es-tu plus couronnée
D'épine aux fleurs de neige et de lande aux fleurs d'or ?
N'as-tu plus tes rochers, tes houx et tes vieux chênes,
Et le ravin profond où pleurent les fontaines ?
Au sommet du coteau ne voit-on pas encor,
Tordant ses bras noueux, le cormier séculaire,
Si beau les soirs d'été sur un fond de lumière ?
Regarde s'éloigner la foule sans regrets :
Tes sauvages attraits n'étaient point compris d'elle ;
Et l'artiste, amoureux de tes charmes secrets,
Te voyant seule ainsi te trouvera plus belle.

LE SONNEUR DE BINIOU

Au milieu d'un taillis il est une clairière :
Là, sous des coudriers, on voit un banc de pierre
Tout verdi par la mousse, à deux pas d'un étang,
Où des feuillages morts flottent au gré du vent,
Et dont les bords pierreux sont couverts d'asphodèles,
Qui regardent dans l'eau trembler leurs tiges grêles.

L'an passé, vers le soir, en traversant les bois,
On trouvait un vieillard sur ce banc quelquefois ;
Et quand on s'éloignait, un air mélancolique,
Un chant de biniou, plein de saveur antique,
Arrivait à l'oreille ; on écoutait, surpris,
Ce chant plaintif et doux qui sortait du taillis.
Et c'était le vieillard, assis dans la clairière,
Sonnant un air d'adieu, comme il faisait naguère,
Le soir d'une assemblée, en revenant du bourg,
Où la danse et les jeux avaient pris tout le jour.
Mais l'habile sonneur avait vu la jeunesse

Mépriser son talent, mépriser sa vieillesse,
Et préférer le bruit du violon criard
Aux sons du biniou modulés avec art.
Aussi, le cœur blessé, rêveur et solitaire,
Il aimait à venir dans la verte clairière,
Et n'ayant pour témoin que le soleil couchant,
Les lutins des taillis, les follets de l'étang,
Il jouait de vieux airs pleins de mélancolie,
Et dans ces chants faisait ses adieux à la vie.

Il est mort aujourd'hui, mais, avant de mourir,
Il disait à ses fils : — « Remplissez mon désir :
« Mettez auprès de moi, dans ma couche nouvelle,
« Mon compagnon chéri, mon biniou fidèle,
« Et, comme aux jours de fête, ornez-le, mes enfants,
« D'une branche de myrte et de quelques rubans. »

Et les fils ont rempli le souhait de leur père ;
Mais, depuis, quand on passe auprès du cimetière,
Le soir ou dans la nuit, quelquefois on entend
Les sons d'un biniou mêlés au bruit du vent.

LA ROSE D'ÉGLANTIER

> « *L'amour et l'églantine sont les plus belles fleurs de ce monde ; elles fleurissent et se fanent l'une comme l'autre, bien vite.* »
>
> Chants populaires de la Bretagne,
> t. ii, *La Rupture*.

Un voyageur montait une colline aride.
Il vit, penchée au bord d'une source limpide,
Une rose sauvage et s'arrêta lontgemps
A regarder l'éclat de ses pétales blancs,
Ses étamines d'or et la grâce charmante
Qu'elle avait, balancée au bord de l'eau courante.
Il s'était éloigné, quand, songeant à la fleur,
Il voulut la cueillir encor dans sa fraîcheur,
Et revint ;... mais le vent soufflait sur la colline
Et dans la source avait effeuillé l'églantine.

LE DONJON DE MACHECOUL

> « *L'architecte bâtit, pour ainsi dire, les
> idées du poète et les fait toucher aux sens.*»
> CHATEAUBRIAND, *René*.

Il est beau dans la nuit, ce donjon solitaire,
Drapé comme un géant dans son manteau de lierre,
Quand la lune, au milieu des nuages errants,
Laisse tomber sur lui ses rayons blanchissants !
Il est beau, quand le vent tourmente les grands chênes
Et qu'au bord des fossés les saules et les frênes,
Avec un bruit sinistre agitant leurs rameaux,
Se penchent sur l'eau sombre où tremblent les roseaux !
Il est beau, quand la neige au loin couvre la terre :
Sous un ciel morne et gris, cette tour solitaire,
Débris silencieux des siècles écoulés,
Semble régner encor sur les champs désolés.
Mais quand les violiers dorent ses murs antiques
Et qu'un ciel bleu sourit aux fenêtres gothiques,
Quand l'abeille bourdonne autour du saule en fleurs

Où l'orageux matin a répandu ses pleurs ;
Que la verte lentille avc les renoncules
Fait un tapis sur l'eau, séjour des libellules ;
Que la fauvette chante au pied du vieux château,
Sur son nid balancé par un frêle roseau,
Alors les souvenirs qui peuplent son histoire,
Ces souvenirs sanglants traversent ma mémoire
Et le donjon me semble un spectre grimaçant
Qui s'est paré de fleurs où j'aperçois du sang.

LE BEC-DU-NID

A mon frère.

Tu te souviens qu'un jour, blottis dans les rochers,
Tous les deux nous guettions les oiseaux passagers ;
Mais le courlis siffleur, le chevalier, la barge,
Passaient loin de la pointe et s'envolaient au large,
Vers un îlot blanchi par les flots écumeux.
Nous attendions en vain, quand sous le ciel brumeux
Un oiseau tout à coup nous effleura de l'aile :
Émeraude, saphir, diamant, étincelle,
Il méritait ces noms, le bel oiseau pêcheur ;
Et le voyant, soudain, j'entendis dans mon cœur
Chanter l'oiseau divin, l'oiseau de poésie.
Il chantait ce rivage où la Mélancolie
Aime tant à rêver au bruit sourd de la mer ;
Il chantait ces rochers, ces dunes où l'hiver

Avait flétri les joncs que renversait la bise ;
Ces forts démantelés, où la bergère assise
Surveille ses brebis qui bêlent tristement ;
Et le chant de mon cœur éveillait par moment
Un écho dans le tien, et les heures joyeuses
Passaient légèrement sur nos âmes heureuses...

Le Bec-du-Nid est une pointe voisine de celle de Saint-Gildas.

L'IDÉAL

Un chevreuil est sorti de ses forêts natales,
Et dans les champs, voilés de brumes matinales,
Il erre en bondissant, fier de sa liberté.
Par l'Océan bientôt dans sa course arrêté,
Il s'étonne devant cette beauté nouvelle :
Plus verts que l'émeraude, aussi limpides qu'elle,
Les flots se balançaient sous le ciel infini.
Le globe du soleil en sortait à demi,
Splendide, étincelant.

                    Aussitôt sur la plage
L'hôte des bois s'élance, et le voilà qui nage
Vers l'astre dont l'éclat grandissant l'a séduit.
Aveuglé par la vague, étourdi par le bruit,
Il est jeté sanglant sur des roches aiguës ;
Mais il voit le soleil qui monte dans les nues,
Et, combattant les flots par un suprême effort,
Il meurt en admirant l'astre auteur de sa mort.

LA JEUNE MARTYRE

> « Morte bella parea nel suo bel viso. »
> *La mort paraissait belle sur son beau visage.*
> Pétrarque, *Triomphe de la mort.*

J'ai contemplé longtemps la châsse de cristal
Où dort sur le velours une jeune martyre :
L'artiste a coloré d'un reflet virginal
Son visage pâli, modelé dans la cire.

Elle est charmante ainsi, cette héroïque enfant,
Avec ses longs cheveux et sa blanche couronne,
Sa tunique d'azur, sa main qui s'abandonne,
En laissant échapper le rameau triomphant.

Fille des vieux Romains, son âme était romaine :
Le bourreau dans sa gorge enfonça le couteau,
Mais elle souriait et tomba plus sereine
Qu'un bluet renversé sous les pieds d'un taureau.

Dans ces jours de mollesse, elle semble nous dire
Qu'il faut savoir aimer la mort et la douleur ;
Elle avait devant soi le printemps, le bonheur,
La richesse, l'amour... et choisit le martyre.

Église de Paimbœuf, novembre 1866.

LA SOURCE

La source qui, cachée au flanc de la colline,
    Coulait sous l'aubépine
    Et dont le clair miroir
Etait comme un clavier qui, sous les goutelettes,
Avec un bruit plus doux que le chant des fauvettes,
    Tombait du rocher noir ;

Cette source n'a plus de fraîches mélodies,
    Car ses eaux refroidies
    En aiguilles d'argent
Pendent à chaque brin des hépatiques vertes,
Qui tapissent la grotte et brillent, recouvertes
    D'un réseau transparent.

Mais un rayon du jour, le vent tiède qui passe,
    Feront de sa surface
    Un mobile miroir ;

La source reprendra ses chants et ses murmures,
Et vous verrez encor se teindre ses eaux pures
      Des feux rougis du soir.

— L'âme a ses jours d'hiver ; l'ennui fait du poète
      Une source muette
      Dont le cours est glacé.
Mais un chant de son cœur comme un rayon s'élance ;
La glace s'est brisée : un souffle d'espérance
      Dans son âme a passé.

LA BALLADE DE L'OUBLIÉ

> « *Il existe une certaine impénétrabilité qui a quelque chose de céleste, qui divinise l'homme et rend sans borne l'affection qu'on ressent pour lui ; c'est pour cela que les anciens avaient fait de l'Amitié la fille de la Nuit et de l'Erèbe.* »
>
> Jean-Paul RICHTER, *Titan*, T. III.

Il était pour moi comme un frère,
Ensemble nous passions les jours ;
La poésie et la lumière
Rayonnaient de tous ses discours.
Ce temps a fui comme un beau rêve.
Pourquoi ne m'oublierait-il pas !
L'oiseau songe-t-il à la grève
Où se sont imprimés ses pas !

Charmes profonds de la nature,
Par lui j'ai su mieux vous goûter.
Chœurs célestes, divin murmure,
Il m'apprit à vous écouter.
Mais pour voir le jour qui se lève,
Près des flots il ne viendra pas.
L'oiseau revient-il à la grève
Où se sont imprimés ses pas !

Non loin d'un castel en ruines,
Un soir avec lui je rêvais.
Le chant lointain des bécassines
Sur l'eau dormante des marais,
Le parfum de la fleur de fève,
Seul, je ne les oublierai pas.
L'oiseau songe-t-il à la grève
Où se sont imprimés ses pas !

Portant une amphore d'argile
Une femme vint puiser l'eau,
Au pied d'un vieux figuier stérile.
Son visage était pâle et beau.
— Pauvres feuilles qu'un souffle enlève,

Nous reverrons-nous ici-bas ?
L'oiseau revient-il à la grève
Où se sont imprimés ses pas !

J'aurais pu voir dans cette femme
Une image de l'Amitié !
De celui qu'admirait mon âme
Aujourd'hui je suis oublié !
Il ne m'apparaît plus qu'en rêve ;
Pourquoi ne m'oublierait-il pas ?
L'oiseau songe-t-il à la grève
Où se sont imprimés ses pas !

LE PAVILLON DES DUNES

Avez-vous parcouru les dunes au printemps ?
C'est un riant désert dont les coteaux mouvants
Sont tapissés de joncs, d'œillets et d'immortelles.
Sur un sable doré roulant des étincelles,
Des ruisseaux transparents, bordés de saules verts,
Courent parmi les fleurs se joindre aux flots amers.
Tout est frais, et le vent, par dessus les collines,
Jette un air vif et pur, plein de senteurs marines.
Un homme, qui semblait frappé par la douleur,
Marchait, un jour de juin, dans ces dunes en fleur.
Ni les reflets du ciel sur les grèves humides,
Ni la mer aux flots bleus où les mauves rapides

Plongeaient en tournoyant avec des cris aigus,
Ne pouvaient arrêter ses regards éperdus.
Il marchait, écoutant une cloche lointaine
Qui tintait, mais si loin qu'on l'entendait à peine.
Cette cloche sonnait les glas de son enfant,
De sa fille si douce, au sourire charmant.
Pauvre père ! il fuyait vers une métairie,
Où, pareil au clocher d'une vieille abbaye,
S'élève un pavillon. — Là les cloches du bourg
Ne lui jetteront plus qu'un bruit confus et sourd,
Que les flots et le vent mêlent dans leur murmure.
Chaque fois que son cœur reçoit une blessure,
C'est là qu'il cherche asile et vient cacher ses pleurs.
Le silence des champs calme un peu ses douleurs ;
Et, quand il voit soudain les ombres des nuages
S'allonger sur la mer et couvrir ses rivages,
Tandis que dans les champs les trèfles empourprés,
Les blés verts et l'avoine aux reflets argentés,
Se couchent sous l'effort des brises passagères,
Il oublie un moment ses souffrances amères.
Les beautés du printemps ont fasciné ses yeux ;
Dans son âme est tombé comme un rayon des cieux,

Et son cœur goûte encor la jouissance pure
D'admirer et d'aimer l'admirable nature.

Pour les plus sombres jours il est dans notre cœur
Un asile secret où, fuyant la douleur,
Nous nous réfugions, ainsi qu'en sa tourelle,
Ce père que poursuit une cloche cruelle.
Cet asile est pour l'un peut-être un souvenir,
Pour l'autre une espérance, un doux rêve, un désir ;
Notre âme s'y renferme, et la nuit est bien sombre,
Si nulle étoile au ciel ne se lève dans l'ombre.

AU LIERRE

Tu faisais l'ornement des fêtes,
Quand tous les Plaisirs étaient Dieux,
Et tu couronnais les poètes
Assis à des banquets joyeux.

De leurs fronts tu chassais l'ivresse.
Ils aimaient tes parfums amers ;
Et ta couleur et ta souplesse.
Ils t'ont célébré dans leurs vers.

Quand tu fleurissais dans l'Attique,
L'abeille puisait sur tes fleurs
Le plus doux de ce miel antique
Dont la Muse a dit les douceurs.

Mais, ô lierre aimé du poète,
Si tu couronnais le Plaisir,
Au front de l'Amitié discrète
Tu devrais en tout temps verdir.

Du dévouement touchante image,
Tu couvres l'arbre desséché,
Et tu meurs où ton beau feuillage
Dès en naissant s'est attaché.

UNE FILLE DES CHAMPS

Je vis une chaumière, au fond de la vallée :
Des aulnes l'entouraient ; à sa porte, un ruisseau
Coulait sous un vieux pont, dont l'arche était voilée
Par les rameaux touffus et fleuris d'un sureau.
Fraîche et blonde, une fille à la fenêtre assise
Filait ; tout était calme et le soir approchait.
Les glaïeuls du ruisseau frissonnaient à la brise,
Derrière les coteaux le soleil se couchait.

Fille heureuse ! disais-je ; ô séjour plein de charmes !
J'avançai... son visage était baigné de larmes.

LE TOMBEAU DU CROISÉ

Dans un vieux cimetière où fleurit la ciguë,
Près du temple, est couchée une antique statue.
C'est un guerrier qui dort, les deux mains sur son cœur.
Son sommeil est serein, et le naïf sculpteur
A gravé sur ses traits une calme espérance,
Et la foi simple et vive unie à la vaillance.
Un débris de son casque est près du chevalier,
Son glaive est à sa gauche avec son bouclier,
Où, témoin glorieux, une croix se dessine,
Et dit qu'il combattit aux champs de Palestine.

Sous le porche roman du vieux temple, le soir,
Quand la lune est au ciel, parfois je vais m'asseoir,
Et, tandis que la mer gémit, chante ou murmure,
Voyant du chevalier la tranquille figure,
Et l'admirant, couché les deux mains sur son cœur,
Je pense : — Heureux celui qui meurt dans le Seigneur !

Sainte-Marie, près Pornic.

LA VOILE NOIRE

Légende

« *Le navire semblait conduit par un esprit.* »
BRIZEUX.

Le ciel est bleu, la mer est verte,
La vague a des franges d'argent.
Assis devant sa porte ouverte,
Un vieux pêcheur fume gaîment.

Ses filets sèchent sur la grève,
Sa fille chante à la maison ;
Le vieux marin fait un beau rêve ;
Tout est clair dans son horizon.

Soudain, doublant un promontoire,
Paraît la barque d'un pêcheur.
Mais d'où vient que sa voile est noire ?
Pourquoi cette étrange couleur ?

Légère comme la pétrelle,
Plus rapide que l'alcyon,
Elle avance et trace après elle
Sur l'eau verte un brillant sillon.

— « Comme elle ressemble à l'*Abeille !* »
Pensait le marin dans son cœur,
« Toute sa mâture est pareille,
« Ses bords sont de même couleur.

« C'est ainsi que l'*Abeille* penche,
« Quand la brise souffle du nord.
« Mais l'*Abeille* a sa voile blanche...
« Mon Dieu ! si mon fils était mort ! »

La barque approche du rivage,
Et passe devant le pêcheur.
Ses regards cherchent l'équipage...
Il est invisible ; ô malheur !

C'est l'*Abeille !* Le pauvre père
Se lève en poussant des sanglots :
« Ma fille, tu n'as plus de frère !
« Son corps est roulé par les flots ! »

Et laissant la chanson joyeuse,
La jeune fille, à l'horizon,
Voit la barque mystérieuse
Qui fuit comme un noir alcyon.

LA CHAPELLE DE SAINT-GILDAS

A ma sœur Marie

Cette chapelle aussi n'est plus qu'une ruine,
Et la valériane à la fleur purpurine
Croît dans le sanctuaire, au milieu des chardons.
Le pêcheur s'y repose à l'abri des rayons,
Attendant que la mer s'éloigne du rivage.
Ces vieux murs lézardés sur la côte sauvage
Font rêver le passant des choses d'autrefois,
Et du Saint qui calmait l'Océan par sa voix.

Un jour, j'étais assis sur ces grèves désertes.
Le reflux me montrait les roches découvertes ;
Au bord des flaques d'eau, qui brillaient au soleil,
La mouette courait sur le sable vermeil.
Le ciel était limpide, et la côte azurée
Se reflétait au loin, dans une onde nacrée.
Mes yeux se reposaient, charmés, sur l'horizon,

Où pointaient les clochers du rivage breton,
Quand je vis près de moi passer deux jeunes femmes.
Le calme de leurs traits réfléchissait leurs âmes :
Quelque bonheur profond rendait légers leurs pas.
C'étaient deux sœurs, venant offrir à saint Gildas
Un beau cierge promis dans un jour de souffrance.
Vers l'antique chapelle une d'elles s'avance,
Protégeant de la main contre un souffle du vent
Le cierge qui vacille, et, sa sœur la suivant,
Elle fait par trois fois le tour de ces ruines ;
Bientôt après, j'entends leurs deux voix argentines
Réciter le rosaire, et ces mots alternés
M'arrivent aussi doux que des sons cadencés.

Leurs vœux étant remplis, les jeunes paysannes
Cueillirent en partant quelques valérianes ;
Et longtemps je les vis, sous le ciel radieux,
Monter d'un pas léger le chemin sablonneux.

— Bretagne ! ô mon pays ! garde ta foi naïve,
Car Dieu se plaît surtout dans la simplicité.
C'est comme le miroir d'une source d'eau vive,
Où vient se réfléchir l'astre de vérité.

Sois fidèle à tes saints, à tes pèlerinages !
Dieu n'a pas raccourci son bras miraculeux.
Que toujours, par les bois et les landes sauvages,
Se rendent aux pardons des pèlerins nombreux.

Les Français, ô Bretons ! nous appelaient barbares.
Brizeux, les connaissant, leur a rendu ce nom.
Il avait vu chez eux que les grands cœurs sont rares,
Et que l'intrigue et l'or seuls donnent le renom.

Dans les champs de Kerné résonnent les bombardes ;
J'entends la harpe antique, aux montagnes d'Arez ;
Le son d'un cor d'ivoire a réveillé les bardes,
Depuis l'île de Sein jusqu'au pays de Retz.

C'est toi qu'ils chanteront, ô Bretagne héroïque !
Pour tes cheveux blanchis ils tresseront des fleurs.
Les Français n'ont conquis que le sol d'Armorique ;
Toujours libres et fiers, nous garderons nos cœurs !

POÈMES

ITALIENS ET BRETONS

AU LECTEUR

Ma mère m'a souvent raconté que dans sa jeunesse elle avait élevé un passereau. Il devint si familier, qu'il voletait autour d'elle, et se posait sur son épaule. La nuit, il couchait dans le creux d'une poutre de sa chambre ; mais dès qu'on ouvrait la fenêtre, il s'envolait vers le jardin, becquetant les cerises ou les figues, et buvant l'eau d'une fontaine dont la margelle de granit occupait le milieu de la cour. Il rentrait tous les soirs et, s'il pleuvait, battait des ailes contre les vitres pour qu'on lui donnât abri. Aux premiers jours du printemps, il disparut. Plusieurs semaines s'écoulèrent, il ne revenait point. Ma mère le croyait mort, quand un matin elle entendit tout à coup un bruit d'ailes, de petits cris joyeux, et vit une couvée de passereaux, précédée de son fugitif, s'installer sans façon sur la poutre paternelle.

Tout rimeur ayant sa Muse, je compare la mienne à ce passereau. Je l'ai nourrie pour mon plaisir, et chaque jour je l'envoie écouter les chansons du ciel et puiser aux fraîches sources des prairies et des bois quelques gouttelettes de poésie. Parfois, elle tarde à revenir ; je la crois pour jamais envolée, mais c'est alors qu'elle reparaît, suivie d'un essaim des plus charmants rêves.

Si j'essaie de peindre ces rêves, ce n'est pas que j'attende la gloire pour mes vers. A moins d'avoir du génie comme Laprade ou Mistral, un poète qui vit en province et qui se sent peu de goût pour l'intrigue, doit se contenter d'être lu par quelques amis. La poésie discrète et simple n'a jamais plu à la foule. Et même combien sont rares ceux qui savourent la beauté pure des élégies grecques et des églogues de Virgile ! La mort d'André Chénier a fait à ses chefs-d'œuvre la moitié de leur célébrité. Quant à Brizeux, l'Académie française n'a pas daigné lui offrir un fauteuil, elle qui accueillait à bras ouverts M. Viennet et qui couronne sans rire certains rimeurs titrés. Pourtant, je dirais volontiers des vrais poètes ce qu'Euripide dit des méchants : « Le temps les dévoile, lorsque le moment est venu, comme un miroir reproduit les traits de la jeune fille qui s'y contemple. »

Il faut aimer la poésie pour elle-même et pour les jouissances intimes qu'elle procure. Je me souviens qu'en passant à Vérone sur un pont, j'entendis une voix de femme chanter dans un des moulins flottants qui couvrent l'Adige. L'orage grondait, et sur le ciel d'un noir sinistre se découpaient les clochers de la ville, les tours rouges du Castel-Vecchio, et dans le lointain d'âpres montagnes encore chargées de neige. Les roulements du tonnerre étaient continus ; par instants, ils éclataient avec un bruit formidable, mais le chant ne cessait point, et je prenais un plaisir singulier à écouter cette voix invisible d'une âme qui semblait oublier tout ce qui l'entourait. L'âme du poète est ainsi. Lorsqu'elle chante, elle n'entend plus les bruits du monde, elle oublie tout, jusqu'à ses douleurs, si la douleur n'est pas le sujet de son chant.

AU LECTEUR

Depuis quelques années se manifeste en Bretagne une sérieuse activité littéraire. MM. Luzel, Prosper Proux, Le Jean, Milin, Le Scour, nous ramènent aux beaux jours de la poésie celtique. M. Emile Péhant tente avec succès une grande œuvre : la résurrection de la Chanson de Geste. Mmes Penquer, Hue et Riom, Mlle Elisa Morin, MM. Robinot-Bertrand, Emile Grimaud, F. Longuécand, Raymond du Doré, Stéphane Halgan, de Lorgeril, du Clésieux publient des vers pleins de délicatesse et d'art. Si la vie politique n'était pas éteinte en province, si la presse y comptait des organes puissants comme ceux qu'elle aura quand des assemblées provinciales seront créées, ce mouvement littéraire ne se ferait pas dans les ténèbres et le silence, et la France saurait qu'il existe des poètes dont les noms ne figurent pas dans le *Parnasse contemporain*.

C'est un devoir pour tous ceux qui aiment la Bretagne d'aider à ce réveil de la poésie, et de prouver qu'il y a encore, ainsi qu'au temps de Mme de Sévigné, « des gens qui ont de l'esprit dans cette immensité de Bretons. » Chacun ne peut le faire que selon ses forces. Aussi, quand j'apporte ces petits poèmes à ma vieille patrie, je les offre pour ce qu'ils valent. Flammes éphémères, pareilles aux feux de berger allumés sur les landes, je sais qu'ils brilleront peu et seront aperçus seulement des rêveurs qui, comme *l'Etranger* dont parlent mes vers, passent leur temps à suivre les nuages, ces blancs troupeaux du ciel.

Pornic, 1869.

SUR LA VOIE APPIENNE

A M. Victor de Laprade

O pâtres de Bretagne, ô paysans romains,
Qui suivez l'étranger passant sur vos chemins
D'un regard où jamais ne s'allume l'envie,
Vous avez la sagesse et vous savez la vie !
Etendus au soleil ou debout sur les monts,
Vous ne soupirez point vers d'autres horizons,
Mais, calmes, vous vivez comme ont vécu vos pères,
Prenant de Dieu la joie et les labeurs austères !

La tour de Métella, reine entre les tombeaux,
Immuable et cachant sous les buis ses créneaux,
Se dresse devant moi, sur la Voie Appienne.
Je contemple, rêveur, la campagne romaine,
Ses monuments épars et ses bosquets sacrés,
Et les monts d'Albano par le soir empourprés.
Des générations que cette plaine immense
Renferme dans son sein, j'écoute le silence !
O mon Dieu ! qu'ils sont vains les efforts où nos cœurs
S'épuisent pour atteindre à de nouveaux bonheurs !

« Je sais, je sais, disait le vieux roi de Judée,
« Ce que laissent dans l'âme une coupe vidée
« Et le parfum des fleurs dont on couvre ses bords,
« Et tout mon être crie : Heureux ceux qui sont morts ! »
Mais nous voulons braver la tourmente éternelle,
Pauvres oiseaux cherchant quelque plage nouvelle
Où les sables soient d'or et les cieux toujours purs,
Et c'est pour nous briser dans des antres obscurs !
Heureux ceux qui sont morts et ceux qui sur la terre
Laissent d'autres sonder la vie et son mystère,
Marchent tranquillement aux lueurs de la foi,
Et, quand la douleur vient, reconnaissant la loi,
Sans plainte et sans combat se courbent sous l'orage,
Comme les genêts verts dans un vallon sauvage !

O pâtres de Bretagne, ô paysans romains,
Qui suivez l'étranger passant sur vos chemins
D'un regard où jamais ne s'allume l'envie,
Vous avez la sagesse et vous savez la vie !
Etendus au soleil ou debout sur les monts,
Vous ne soupirez point vers d'autres horizons,
Mais, calmes, vous vivez comme ont vécu vos pères,
Prenant de Dieu la joie et les labeurs austères !

TÉCLA

A mes sœurs

I

Au flanc des monts penchés vers la mer de Toscane,
Sous des treilles, devant une blanche cabane
Que les pampres gardaient du soleil de midi,
Une femme au front pâle et par l'âge alourdi
Lisait dans un vieux livre. Assise à côté d'elle,
Ayant sur ses genoux un métier à dentelle
Dont les fuseaux pendaient, légers et tournoyants,
La fille de son fils, vierge de dix-sept ans,
La tête sur sa chaise à demi-renversée,
Dans un rêve laissait s'égarer sa pensée.
Douce Vierge à l'œillet, dont le temps a bruni
Le visage charmant, œuvre de Luini,
Pour une de vos sœurs vous l'eussiez reconnue,
En voyant un œillet près de sa gorge nue

Sortir de son corsage aux contours gracieux.
Par instants, vers la mer elle jetait les yeux,
La mer, dont les courants nuançaient la surface
Et dont le bruit lointain, s'éteignant dans l'espace,
Semblait un bruit d'abeille entre les oliviers.
Un vent frais balançait les fleurs des grenadiers,
Et le soleil glissant entre les verts treillages
Dorait le sol pierreux, où l'ombre des feuillages
Brodait sur ce fond d'or un mobile dessin.

Un troupeau tout à coup parut dans le chemin.
— « Est-ce Mauto déjà qui ramène ses chèvres ? »
Dit l'aïeule. Ces mots s'échappaient de ses lèvres,
Lorsque entre les cyprès qui bordaient le verger,
Elle vit à pas lents s'avancer le berger.
Autour de son chapeau s'enlaçaient deux couronnes,
L'une de romarin et l'autre d'anémones ;
C'était un jeune pâtre aux cheveux bruns flottants,
Le manteau sur l'épaule et fier de ses vingt ans.
Il tenait à la main des cerises sauvages
Dans une coupe faite en joncs des marécages :
— « Je sais que vous aimez, dit-il, ces fruits si doux,

« Et je les ai cueillis, Técla, pensant à vous. »
Ainsi parlant, il vint sous le berceau de treilles,
Et le front de Técla prit des teintes vermeilles.
Elle saisit la coupe, et le jeune berger
Rejoignit son troupeau déjà loin du verger.

L'aïeule avait souri, mais d'un triste sourire ;
Elle rouvrit son livre et se remit à lire.
Técla fixait sur elle un regard anxieux
Et des larmes faisaient étinceler ses yeux.
La vieille femme dit en tournant une page :
« Ecoute, mon enfant. L'amour est un nuage,
« Qui sur l'homme brûlé d'un soleil éclatant
« Vient jeter la fraîcheur de son ombre, un instant,
« Mais qui porte en son sein la foudre et la tempête.
« Ce nuage, ma fille, a passé sur ma tête ;
« J'ai pu goûter son ombre et pourtant mes désirs
« Seraient de voir ton cœur chercher d'autres plaisirs.
« Il est un bien plus grand, plus doux que l'amour même :
« C'est le calme du cœur, la paix, ce bien suprême.
« Ce calme et cette paix sont rares dans l'amour ;
« Le blanc nuage est noir avant la fin du jour.

« Regarde sur les monts cette vieille abbaye
« Dans son site enchanté tranquille et recueillie,
« Et du haut des sommets dressant dans le ciel bleu
« Ses clochers qui toujours conversent avec Dieu.
« Quand je revois son cloître aux rouges colonnades,
« Son jardin frais et vert qu'entourent les arcades,
« Ses fontaines de marbre où grimpent des rosiers
« Et retombent les fruits dorés des citronniers ;
« Quand j'entre pour prier dans cette riche église
« Pleine de doux silence et de senteur exquise,
« Un calme si profond se répand dans mon cœur,
« Que je pense : Mon Dieu, c'est ici le bonheur ! »

Mais Técla se taisait. Elle baissait la tête ;
Jusqu'au soir elle fut inactive, inquiète ;
Sa joue en feu gardait la couleur du carmin
Et les fuseaux tremblants s'échappaient de sa main.

II

L'ombre voilait déjà les vallons et les plaines,
Mais le ciel, clair encor sur les cimes lointaines,
Etait d'un gris de perle, et des reflets dorés,

Diaphanes lueurs, y mouraient par degrés.
Les grands monts découpaient leur silhouette noire,
Et dans la mer, au bout d'un sombre promontoire,
Un phare s'allumait sur une blanche tour.
Técla, voyant pâlir les derniers feux du jour,
Prit une urne de cuivre et la mit sur sa tête,
Puis sortant du verger, soucieuse et muette,
Descendit le sentier qui conduit à la mer.
Son cœur était gonflé d'un chagrin bien amer !
Elle, qui tous les soirs, en suivant cette pente,
Envoyait à l'écho quelque chanson dansante
Et marchait à plaisir sur les touffes de thym,
Pour mieux parfumer l'air au bord de son chemin,
Elle allait lentement, et traînait ses sandales,
Et ses regards ternis erraient sur les flots pâles.

Bientôt elle arriva près d'un antre profond
Creusé dans la falaise : on entendait au fond
Le bruit d'un filet d'eau qui tombait goutte à goutte.
De longs herbages verts frissonnaient à la voûte.
Elle remplit son urne et s'assit tristement
Dans l'ombre de la grotte où soupirait le vent.

Jetant un cri plaintif, l'hirondelle marine
Effleurait les rochers de la crique voisine.
Técla, les yeux fermés et le front dans sa main,
Pleurait, quand auprès d'elle un bruit de pas soudain
Lui fit lever la tête et, sur le ciel rougeâtre,
Debout devant la grotte elle aperçut le pâtre.
Elle voulut s'enfuir. — « Pourquoi, dit le berger,
« Me fuyez-vous, Técla ? Vous suis-je un étranger ? »
— « Oh ! non, » répondit-elle, en essuyant ses larmes,
Et sa douleur naïve ajoutait à ses charmes.
Mauto lui prit la main : — « Si vous m'aimez toujours,
« Técla, dites-le moi ; je crains pour mes amours.
« Un plus riche berger aurait-il su vous plaire ? »
— « Mauto, vous me jetez une parole amère ;
« Je souffre, et c'est pour vous. » A cet instant, sans bruit,
L'aïeule de Técla s'approchait dans la nuit.
Elle avait vu Mauto descendre vers la plage.
Foulant d'un pas discret le sable du rivage,
Elle entendit ces mots : « Je souffre et c'est pour vous. »
La tristesse obscurcit son regard calme et doux ;
Mais bientôt, relevant ses paupières tremblantes
Vers le ciel couronné des étoiles brillantes,

Elle entra dans la grotte où les jeunes amants
S'admiraient en silence, et leur dit : « Mes enfants,
« Ne croyez pas en moi trouver une ennemie ;
« Ayant connu l'amour et souffert de la vie,
« Je cherchais un chemin plus sûr vers le bonheur,
« Et craignais pour Técla les orages du cœur.
« Mais je sais aujourd'hui le secret de vos âmes.
« En vain je lutterais contre ces jeunes flammes :
« Le temps peut triompher seul d'un premier amour.
« Tout s'éteint lentement : vous le verrez un jour...
« La mort viendra bientôt me coucher dans la terre,
« Et Técla resterait sous mon toit solitaire ;
« Vous me remplacerez, Mauto : soyez mon fils.
« Dans la paix et l'amour, vivez longtemps unis ! »

En voyant cette femme, on eût dit la Sagesse
Plongeant dans l'avenir des yeux pleins de tristesse ;
Pourtant elle sourit, en pressant sur son cœur
Técla, silencieuse et pâle de bonheur !

Deux ans après ce jour, à l'ombre des treillages
Où Mauto lui donna des cerises sauvages,
Técla sur ses genoux endormait un enfant,

Que le pâtre agaçait avec un œillet blanc.
Elle était fraîche et douce encor, mais son sourire
Ressemblait au rayon qui dans la brume expire.
Son cœur avait déjà des replis douloureux,
Et la mort avait pris l'aïeule à côté d'eux !

   1868.

MARION KERNER

A mon frère

Le vent siffle et la neige tombe :
C'était ainsi, le soir d'hiver
Où l'on a porté dans sa tombe
La pauvre Marion Kerner.

En tête du petit cortège,
Une lanterne s'avançait ;
Sa lueur fauve nous traçait
Le chemin recouvert de neige.

Le cercueil était bien léger :
Marion était un poète ;
On maigrit vite à voyager
Jour et nuit d'étoile en planète !

Marion chantait pour du pain,
Dans les fermes de nos villages,

Ses vers pleins de parfums sauvages
Comme les landes au matin.

On la croyait un peu sorcière
Et familière des esprits :
Souvent une étrange lumière
Étincelait dans ses yeux gris.

Elle avait un grain de folie :
Son cœur passait, vingt fois le jour,
De l'indifférence à l'amour,
Du rire à la mélancolie.

Son pauvre corps fut descendu
Sur un velours de neige blanche,
Et dans sa tombe un inconnu
Jeta la dernière pervenche !

AD SUMMA

A Alfred Lallié

Vous vous plaisez parmi les archives poudreuses ;
Moi, j'aime la mer bleue et l'ombre des yeuses :
Malgré ces goûts divers, Dieu nous a faits amis.
Nous avions aperçu tous deux la même étoile ;
Sur elle se guidaient votre char et ma voile,
Et c'est le but commun qui nous a réunis.

Vous avez traversé la campagne romaine
Et vu ses vieux bergers dispersés dans la plaine,
Gardes silencieux drapés dans leurs manteaux.
Quand les clochers de Rome annoncent la prière,
Ils tombent à genoux, regardant vers Saint-Pierre
Dont la coupole brille au loin sur les coteaux.

Bien des cœurs sont unis ainsi sans se connaître.
Si deux de ces bergers, dans le calme champêtre,
Ramènent leurs troupeaux par le même chemin,
Quelques mots échangés à propos de leurs chèvres

Peut-être éveilleront d'autres mots sur leurs lèvres;
Ces inconnus d'hier seront amis demain.

Vous cherchez la lumière aux sources de l'Histoire,
Avare de mépris, défiant de la gloire,
Tant que vos yeux n'ont pas surpris la vérité ;
Moi, je cherche le Beau dans l'art et la nature,
Et le Beau, c'est le Vrai qui sur notre âme obscure
Jette un reflet lointain de la Divinité.

Oui, le Beau, c'est le Vrai, mais c'est aussi le Juste.
Rayons mystérieux de ce triangle auguste
Qui du monde céleste éclaire les hauteurs,
Vous brillez dans les saints, les savants, les poètes !
Pourquoi le nimbe d'or qui couronne leurs têtes
Trop souvent devient-il un cercle de douleurs ?

Quand, après bien des ans de vertu, de souffrance,
Devant le palais noir de l'ingrate Florence,
Le grand Savonarole arrivait au bûcher,
Il voyait du milieu de la foule en délire,
Parmi les cris de mort et les éclats de rire,
Pour piquer ses pieds nus des enfants s'approcher.

C'est le sort des héros altérés de justice.
Ils aiment ; on les hait : mais ils vont au supplice
Calmes, sachant que Dieu leur garde l'avenir.
Il faut gravir penché les plus belles collines ;
Aux flancs âpres des monts le cèdre a ses racines,
Et qui veut être grand doit apprendre à souffrir.

Dans notre obscurité nous avons à combattre :
Les grands combats n'ont point toujours un grand théâtre,
Et nos vrais ennemis sont cachés dans nos cœurs.
C'est un sombre tournoi, sans témoins, sans lumière,
Où l'ennemi jamais ne lève sa visière,
Mais Dieu nous applaudit quand nous sommes vainqueurs.

Cherchons la Vérité, la Beauté, la Justice !
La douleur est la loi : Dieu veut qu'on la subisse,
Mais à deux, on franchit moins triste le chemin.
Si l'un cueille un bouquet, on le respire ensemble ;
Parfois le cœur vaillant soutient celui qui tremble :
Pour aller jusqu'au bout, ami, voilà ma main !

1868.

LES SOLDATS BRETONS

A Paul Benoist

Dans les Alpes, gardant la frontière de France,
Un vieux fort est debout, blanchi par les frimas.
Sur ses murs crénelés sont penchés en silence,
Aux approches du soir, quelques jeunes soldats.

L'un d'eux vint à siffler l'air d'un chant de Bretagne,
Et les autres bientôt sifflèrent avec lui,
Tandis que les torrents tombaient de la montagne,
Roulant dans leurs flots verts les glaçons et l'ennui.

L'air fini, les soldats reprirent le silence :
L'ennui les consumait, car c'étaient des Bretons ;
Tous leurs traits amaigris trahissaient la souffrance ;
Ils semblaient s'oublier dans des rêves profonds.

Entourés de glaciers, ils pensaient à l'ombrage
Que l'on trouve, en été, le long des chemins creux,
Sous les buissons touffus où la mûre sauvage
Se pend aux prunelliers chargés de leurs fruits bleus.

Ils songeaient aux courtils qu'embaume la lavande,
A l'antique ossuaire au pied de leur clocher,
Aux étangs où buvaient leurs troupeaux dans la lande,
Au soleil, sous les bois, quand il va se coucher.

Ils pensaient à la mer et l'entendaient en rêve ;
Aux humides rochers couverts de goëmons bruns,
D'où montent, quand les flots ont délaissé la grève,
Dans l'air calme du soir d'âcres et frais parfums.

Au bord d'une futaie, ils voyaient la chaumière
Où leurs frères gaîment reviennent du labour ;
Les enfants de leurs sœurs courent, pied nus, dans l'aire ;
L'aïeule est au foyer, attendant leur retour...

La nuit froide tombait, et de pâles lanternes
S'allumèrent de loin en loin sur les remparts ;
Puis le clairon sonna dans la cour des casernes
Et rassembla bientôt tous les soldats épars.

Descendus les derniers, les Bretons en silence
Se rangèrent devant ceux qui lisaient leurs noms ;
Et, mornes, dans leur cœur ils maudissaient la France
Dont la loi les tenait exilés sur ces monts.

LE TOMBEAU DE VIRGILE

A M. Octave de Rochebrune

Nous montâmes longtemps par des marches croulantes,
Au milieu d'un jardin, où des vignes flottantes
A d'antiques figuiers suspendaient leurs rameaux.
Un clair soleil dorait les feuillages nouveaux,
Et nos pieds, en froissant les herbes de la terre,
Eveillaient dans l'air pur une senteur amère.
Parvenus au sommet de ce riant jardin,
Nous vîmes, sous l'éclat du ciel napolitain,
La mer étincelante au pied des monts bleuâtres,
Naple avec ses clochers et ses palais rougeâtres,
Le Vésuve fumant, et sur le bord des eaux,
Des villages groupés comme de blancs oiseaux.
Plus loin, c'était Sorrente et l'île de Caprée,
Fermant à l'horizon cette baie azurée.

Mais mon guide bientôt, d'un geste dédaigneux,
Sous de vieux chênes verts me fit baisser les yeux.
Tout près, le Pausilippe ouvrait sa grotte sombre,

Et parmi les rochers je vis, blotti dans l'ombre,
Un humble mausolée, au toit couvert de fleurs.
Le pavot, la jacinthe y mêlaient leurs couleurs
Aux chardons argentés, au lierre pâle et tendre.
Doux Virgile, c'est là que repose ta cendre !
Pour le sublime amant des champs et des vergers,
Pour le chantre divin des dieux et des bergers,
Où pourrait-on choisir une tombe plus belle ?
Chaque saison lui donne une beauté nouvelle.

Dieu, qui fit à Virgile un cœur rempli d'amour
Pour le charme des nuits et les splendeurs du jour,
Peut-être lui permet, à lui dont l'âme est pure,
De revenir parfois admirer la nature.
Peut-être que la nuit, sous les étoiles d'or,
Du haut de ce jardin son ombre vient encor
Contempler le miroir des ondes lumineuses,
Qui brisent en riant leurs vagues écumeuses.
Il écoute les voix lointaines des pêcheurs ;
Les orangers fleuris lui jettent leurs senteurs,
Et, pour s'évanouir, il attend que l'Aurore
Sur les monts violets se lève et les colore !

LA PAYSANNE

A Francis Rousselot

Au fond d'un chemin creux, soulevant la poussière,
Des vaches en troupeau s'en vont à l'abreuvoir.
Son enfant sur le bras, une jeune fermière
A quelques pas les suit, respirant l'air du soir.

Un vallon resserré par des coteaux arides
S'ouvre, et dans un pré vert brille comme l'argent
L'eau pâle d'un vivier profond, clair et sans rides,
Que de vieux tamarins bordent en s'y plongeant.

Sur l'herbe était couchée une troupe ambulante
De bohémiens chanteurs, tous vêtus de haillons,
Autour d'un chariot leur demeure roulante.
Quelques-uns fredonnaient de cyniques chansons.

Surprise, la fermière eût désiré sans doute
Vers un autre chemin ramener son troupeau ;

Mais les vaches déjà, fidèles à leur route,
Avaient franchi le pré, voyant miroiter l'eau.

Tandis qu'elles buvaient, la jeune paysanne,
Son enfant sur le bras, se tenait à l'écart,
Grave, à demi cachée à l'ombre d'un platane,
Et loin des vagabonds détournait son regard.

Elle écoutait chanter la douce tourterelle
Dans un taillis percé par les derniers rayons,
Et suivit son troupeau, quand il revint près d'elle,
Broutant le chèvrefeuille et les fleurs des buissons.

LE COUVENT DE SAINT-ONUPHRE

A Ernest Bridon

Ici mourut le Tasse, épuisé de souffrance,
Et voulant pour mourir un cloître et son silence.
Par un jour pluvieux, il monta ces degrés,
Plus triste encor de voir les cieux décolorés.
Les moines l'attendaient groupés sous ce portique ;
Tous venaient l'accueillir avec la grâce antique.
Il leur tendit ses mains que la fièvre glaçait,
Et dans ses yeux troublés une larme passait.
Vers le soir, le ciel bleu sourit après la pluie.
Des pigeons se séchaient sur le toit d'une fuie ;
Un mendiant chantait au loin quelque chanson.
Le grand poète alla s'appuyer au balcon.
Il vit Rome à ses pieds dans sa beauté sévère.
Devant cette cité qui gouverna la terre
Et qui commande encore au monde des esprits,
Le Tasse se sentit ému, presque surpris !
Rome lui paraissait assise dans la gloire ;

Les hommes avec elle unissaient leur histoire ;
Là venaient aboutir tous les desseins de Dieu !...

Son âme se serrait en jetant un adieu
A la ville où pour lui le triomphe était proche ;
De ses lèvres pourtant ne tomba nul reproche :
Un triomphe est si court et si près du dédain !...

Les pigeons s'envolaient vers un clocher lointain
Et le firent penser aux ramiers de Sorrente,
Aux myrtes qui couvraient la montagne odorante,
Aux nuages légers sur les sommets errants,
Aux rocs brûlés, aux lits desséchés des torrents.
Il se souvint aussi du château de Ferrare
Et des tourments d'un cœur que la folie égare...

Comme il rêvait, le jour de son dernier rayon
Frappait le Capitole et la Tour de Néron.
Le poète quitta lentement la fenêtre,
Oubliant son triomphe et songeant à paraître
Devant Dieu, dont la loi courbe sous sa rigueur
Le pauvre prisonnier et le triomphateur !

LE PARDON DE LA PALUD

A M. Arthur de la Borderie

Sur les dunes, parmi des tentes innombrables,
Autour d'une chapelle, au brûlant soleil d'août,
Tout un peuple qui prie en silence, est debout.
On n'entend que la mer se brisant sur les sables.

Douze tambours soudain battent un roulement :
Du clocher de granit s'élance une volée ;
Et voilà qu'à travers la foule amoncelée,
Des bannières, des croix s'avancent lentement.

Salut, vieux étendards ! salut, dômes gothiques !
Saints bretons, bénissez votre peuple à genoux !
Avec ses longs cheveux et ses habits antiques,
Si riches au soleil, le reconnaissez-vous ?

C'est lui, toujours fidèle à sa vieille croyance,
Et dans ses maux tournant son regard vers les cieux ;
C'est lui, toujours fidèle à la voix des aïeux,
Et fermant son oreille aux bruits venus de France.

Qui ne vous admirait, vierges au doux maintien,
Filles de Plonevez, dans vos robes dorées,
Portant votre patronne avec un air chrétien,
Graves comme sainte Anne et comme elle parées ?

Quand parmi le clergé brilla la châsse d'or,
Les aveugles tendaient leurs mains vers les reliques ;
Ils poussaient des sanglots, et les paralytiques,
Prosternés, imploraient le merveilleux trésor.

Douze vieux paysans, jadis soldats de France,
Ebranlaient la vallée aux éclats des tambours.
Les pèlerins suivaient, en multitude immense :
Et ce jour-là je vis la foi des anciens jours !

A l'ombre des ormeaux, auprès de la chapelle,
Quelques hommes venus des lointaines cités,
Des Français, avec soin du soleil abrités,
Regardaient en riant cette fête si belle.

Ils repoussaient du pied, tout remplis de dégoûts,
Les infirmes traînant devant eux leurs ulcères ;
Ils juraient pour répondre au langage si doux
Des enfants demi-nus quêtant avec leurs mères.

Sceptiques au cœur froid, ce peuple vous connaît !
Raillez sa foi sublime, il vous laissera dire.
A ses Pardons longtemps vos enfants pourront rire :
Si vous riez toujours, sa foi toujours renaît.

LA REDOUTE

A Adolphe Giraudeau

J'ai fait choix pour rêver d'une vieille redoute,
Au sommet d'un coteau qui domine la mer ;
Un saule y verse l'ombre, et son feuillage amer
Attire les chevreaux qui passent sur la route.

Un canon est tombé dans l'herbe. J'ai cueilli
Des fraises au printemps sur le bord de sa bouche.
Le monstre est débonnaire, il est rouillé, vieilli ;
A coté du lézard, le roitelet s'y couche.

J'aime à penser qu'un jour les plus puissants remparts
— Le monde est jeune encor — ne serviront d'asiles
Qu'aux rêveurs amoureux du saule et des idylles,
Aux roitelets hardis, aux timides lézards.

De la redoute, hier, je voyais la tempête
Pousser en mugissant les flots amoncelés :
L'écume bouillonnait furieuse à leur crête ;
Les rochers de granit en étaient ébranlés

Le soir, quand je revins, j'entendis la macreuse
Sur la grève lointaine appeler ses petits.
La mer était calmée et les cieux éclaircis ;
A l'horizon brillait une étoile joyeuse.

Si la guerre sur nous fait rejaillir le sang,
Si nous voyons crouler quelque trône fragile,
Ne désespérons point, Dieu règne, il est puissant :
Laissons tomber les rois dont le sceptre vacille.

Comme ces prisonniers que Platon nous a peints
Enchaînés, ne voyant que les ombres des êtres,
Bien des hommes, perdant la foi de nos ancêtres,
Languissent, je le sais, dans de noirs souterrains :

Prions, pour que le jour descende sur leurs têtes !
Ayons foi dans le Christ et dans la Liberté !
Quand le pilote est Dieu, que peuvent les tempêtes ?
Il est maître des flots et de l'Eternité !

A MA MÈRE

Quand je te vois souffrante et que tu nous rappelles
        Tes jours déjà nombreux,
De l'obscur avenir voilé d'ombres nouvelles
        Je détourne les yeux.

Tes enfants dispersés sous ton toit se rassemblent
        De saison en saison,
Et tes petits-enfants essaient leurs pieds qui tremblent
        Autour de ta maison.

Si tu n'étais plus là, nos douces causeries
        Se dénoueraient soudain :
Qui de nous reviendrait sous les treilles fleuries
        S'asseoir dans le jardin ?

L'hiver, près du foyer, qui trouverait encore
        La gaîté d'autrefois ?
Ta voix ne serait plus, ô pendule sonore,
        Couverte par nos voix !

Il est doux d'échanger, après les jours d'absence,
   Les fruits du souvenir,
Et de se partager les dons de l'espérance
   Avant de repartir.

L'un dit sur quelles mers brillantes et limpides
   Son vaisseau l'a porté,
Le ciel bleu du Pérou, ses montagnes arides
   Au sommet argenté.

Un autre nous décrit les villes germaniques
   Et leurs clochers aigus,
Les forêts de sapins et les châteaux gothiques,
   De brume tout vêtus.

Moi, je parle à mon tour des grands palais de Gênes
   Que j'allais admirer,
Quand la lune, le soir, de ses blancheurs sereines
   Venait les éclairer.

Ceux qui n'ont point quitté la maison nous racontent
   Les choses du pays :
On dit les noms des morts ; parmi ceux-là se comptent
   Parfois de vieux amis.

Si tu n'étais plus là, moi qui vais solitaire,
        Dans la vie égaré,
Mais qui cherche souvent au foyer de ma mère
        Un asile assuré ;

Moi qui tournais les yeux, du fond de l'Italie,
        Vers ta blanche maison,
Trouvant qu'elle manquait, dans ma mélancolie,
        Au plus bel horizon ;

Je sentirais grandir encor ma solitude !
        Mais il nous faut bannir
Des malheurs incertains la vague inquiétude :
        Éloignons l'avenir !

1868.

LES PAYSANS AU MUSÉE

A J. du Dot

Dans un musée, où l'or encadre les peintures,
Où les yeux sont charmés par les blanches sculptures,
Un dimanche, suivez de pauvres paysans.
Ils parlent à voix basse, et marchent à pas lents;
Ils ôtent leur chapeau comme dans une église;
Les vieillards étonnés branlent leur tête grise.
Ils sentent autour d'eux quelque Divinité;
Et c'est un temple aussi : celui de la Beauté !

L'ÉTRANGER

A C. Robinot-Bertrand

Village aux toits jaunis, caché dans la ravine
Qui s'ouvre pour montrer la mer à l'horizon,
Quand je passe en rêvant sur la haute colline,
Mes regards vont chercher ta plus humble maison.

Là vivait un vieillard inconnu, solitaire,
Triste comme un proscrit, grave comme un penseur.
Il y passa dix ans, tout voilé de mystère,
Et la mort a scellé le secret de son cœur.

Chaque jour il errait sur les landes sauvages.
— « Qu'y-faites vous ? » lui dit un pâtre curieux ;
Il sourit et, montrant du doigt les blancs nuages :
— « Je garde les troupeaux qui paissent dans les cieux. »

Au printemps, il aimait s'asseoir à la fontaine
Où l'on voit frissonner un bouquet de roseaux.

La souffrance chez lui n'éveillait point la haine ;
Il aidait les enfants à porter leurs fardeaux.

La nuit, il contemplait les étoiles sans nombre ;
Aux pêcheurs qu'il trouvait sur le bord de la mer
Il faisait admirer, dans le ciel d'un bleu sombre,
L'éclat de Sirius, ce roi des nuits d'hiver.

Pauvre, il donnait pourtant. Aussi tout le village,
Quand il mourut, suivit en pleurant son cercueil.
On ignorait son nom, son pays et son âge,
Mais on savait son cœur : les cœurs prirent le deuil.

SILENCE !

A Edmond Biré

> « Celui qui conteste avec le Tout-Puissant lui apprendra-t-il quelque chose ? »   (Livre de Job.)

Quand Dieu, dans sa pensée, eut conçu l'univers
Et d'un désir soudain le fit naître du vide,
La terre devant lui tournait sa face aride,
Comme un globe roulant au milieu des éclairs.

Il l'orna d'océans, de fleuves, de montagnes,
Il sema les forêts, les herbes et les fleurs ;
Mais avant de peupler les eaux et les campagnes,
Il s'arrêta : peut-être il songeait aux douleurs !

Puis il créa le tigre et les bêtes cruelles,
L'homme enfin, l'homme libre et soumis à la loi.
Les étoiles alors, comme prises d'effroi,
Sur les desseins de Dieu s'interrogeaient entre elles.

L'homme ayant fait le mal, elles dirent tout bas :
« Vous, pour qui l'avenir n'a jamais eu de voiles,
« Vous le saviez, Seigneur ! » — Dieu ne répondit pas,
Mais un ange rendit muettes les étoiles.

LE JOUEUR DE GUITARE

A M. Félix Thomas

Porte de Pompéï, quand je franchis ton seuil,
Tout un monde pour moi se leva du cercueil !
Ce jour-là, je compris enfin la vie antique.
Le Temple de Vénus, le Théâtre tragique,
Les Thermes, le Forum passaient sous mon regard.
Les plus grands noms romains, jetés comme au hasard,
Troublaient seuls le silence ; on nommait Pline, Auguste ;
On disait : C'est ici la maison de Salluste ;
Parmi ces vieux cyprès habita Cicéron,
Et là, tel affranchi de Tibère ou Néron.
Mais tous ces noms fameux, qui remplissent l'histoire,
N'étaient que les témoins du néant de la gloire ;
Et quand pour un instant je détachais mes yeux
Des murs de la cité, je voyais sur les cieux,
Entre les fûts brisés des colonnes antiques
Et les feuillages verts enlacés aux portiques,
Les flancs sombres et nus du Vésuve lointain,
Se dressant comme un spectre au milieu d'un festin.

Tout à coup j'entendis les sons d'une guitare.
Un bel enfant, assis sur l'autel d'un dieu lare,
Près du temple d'Isis jouait un air charmant.
Il chantait à mi-voix et, dans l'ombre dormant,
Des travailleurs chargés des fouilles de la ville
Se reposaient, couchés autour du péristyle.
Ce bel adolescent aux membres délicats,
Parmi ces hommes bruns qui ne l'écoutaient pas,
Eveillant sous ses doigts des notes argentines,
Il chantait ses amours, des amours enfantines !

Je l'avais déjà vu caché près d'un tombeau
Qu'ombrageait de ses fleurs un large et frais sureau,
Jeter de doux regards vers une jeune fille
Qui, comme je passais, m'offrit une jonquille.
Je lisais dans ses yeux noirs et pleins de langueur
Qu'il poursuivait un rêve où se plaisait son cœur ;
Et, tout en l'écoutant, j'admirais les campagnes,
Les grands pins d'Italie au penchant des montagnes,
Une tartane au loin glissant sur les flots bleus ;
Et je disais : Tout passe, obscur ou glorieux,
Mais l'amour éternel fleurit sur les ruines,
Ainsi que l'herbe verte et les blanches épines !

LA DÉLAISSÉE

A Émile Grimaud

Les vanneaux blancs et noirs aux légères aigrettes
Couraient sur les sillons, parmi les blés naissants,
Et dans l'air tournoyaient ces bandes d'alouettes
Qui pour se disperser attendent le printemps.

Le soleil se levait en face d'un calvaire,
Couvrant d'un manteau d'or les vieux saints de granit.
Une troupe d'enfants d'un village sortit
Et le long du chemin s'assit sur la bruyère.

On entendit bientôt pousser des cris joyeux :
Une noce passa, les deux sonneurs en tête.
Les enfants de courir... Au calvaire, après eux,
Vint une jeune fille, étrangère à la fête.

Elle monte à pas lents jusqu'au pied de la croix;
Et suit des yeux la noce au loin dans la campagne.
L'air est calme ; elle entend les vieux airs de Bretagne
Répétés par l'écho des rochers et des bois.

A l'église du bourg déjà la cloche sonne.
Pour elle c'est un glas, le glas de son bonheur :
Celui qu'elle aimait tant à jamais l'abandonne ;
Elle jette à la croix un regard de douleur.

Longtemps elle resta debout sur le calvaire,
Pâle, mais sans pleurer, et regardant sans voir ;
Quand elle en descendit, le beau soleil du soir
Des vieux saints allongeait l'ombre sur la bruyère.

Jeunes filles, cueillez l'hysope et le buis vert,
Les glands roses de l'if et les bouquets d'automne ;
Avant qu'ils soient flétris, elle aura trop souffert :
Demain vous en ferez sa dernière couronne.

A UN HEUREUX

A Louis Linyer

Notre barque passait sous un vieux pont de pierre,
Au milieu des roseaux par la bise flétris.
Nous regardions les prés inondés, le ciel gris,
Un groupe de sapins qu'argentait la lumière,
Des taillis violets sur le flanc des coteaux,
Et des rochers moussus où clapotaient les eaux.

Vous chantiez. Votre voix, fraîche, claire et joyeuse,
Etait comme un écho vivant de votre cœur.
Vous aimez, on vous aime, et c'est là le bonheur.
Votre jeunesse fut une aube radieuse,
Et l'Espérance, assise à son beau rouet d'or,
Promet de vous filer des jours heureux encor.

Aussi, quand le soir vint replier les nuages
Et des mondes du ciel occuper nos regards,
Vos désirs n'allaient point affronter les hasards

Qui de l'Eternité bordent les noirs rivages.
Vous disiez que la terre était douce à vos pas
Et que vous aimiez voir les étoiles d'en bas.

Marchez longtemps ainsi, l'âme ouverte et légère.
Souriez aux beaux jours ! La Douleur et la Mort
Frappent l'homme qui veille et celui qui s'endort.
Sans craindre l'avenir, il faut passer sur terre
Comme un soldat joyeux qui chante dans la nuit,
Et non comme un enfant qui tremble au moindre bruit.

LE CLOCHER DE SAINT-MARC

A M. Émile Péhant

Au clocher de Saint-Marc si vous montez un jour,
Vous verrez deux gardiens qui veillent tour à tour
Dans le beffroi bordé de fines colonnettes.
Le sort de ces guetteurs fait envie aux poètes.
Sonner l'heure et veiller sur Venise et la mer ;
Vivre silencieux, comme exilé dans l'air ;
Voir au riant matin rougir les îles brunes
Et le soleil couchant dorer l'eau des lagunes ;
Contempler des palais se mirant dans les flots ;
Le soir, suivre des yeux la lueur des falots
Qui sur les canaux noirs éclairent les gondoles ;
Ecouter les pigeons gémir sur les coupoles
Et les cloches d'airain, qui parlent tout le jour
D'agonie et de mort, de naissance et d'amour ;

Puis jeter un regard vers les Alpes neigeuses,
Qui de vous n'envierait ce sort, âmes rêveuses ?

Par une sombre nuit, à côté du guetteur
S'accoudait au balustre un pâle visiteur.
Le ciel était livide et couvert de nuages.
Des rafales passaient, annonçant les orages ;
La terre se taisait. Quand un bleuâtre éclair
Déchirait l'horizon et jetait sur la mer
De magiques reflets qui coloraient la ville,
Le guetteur regardait d'un œil terne et tranquille,
Mais l'étranger poussait un cri sourd et profond ;
Car c'était un poète, et son cœur jusqu'au fond
Tressaillait, en voyant la nature sublime.
Hélas ! comme un flambeau mourant qui se ranime
Et s'épuise en doublant l'éclat de sa lueur,
La vie allait quitter le corps de ce rêveur !
Il se sentait mourir, et malgré sa jeunesse
Il attendait la mort sans joie et sans tristesse.
C'est qu'il avait souffert et qu'à son cœur aimant
Nul n'avait répondu sous le bleu firmament.
Il avait vécu seul, et cherchait à Venise

Une place où finir en respirant la brise,
En face d'un ciel pur, des palais et des eaux.
Dans l'admiration il oubliait ses maux.

Assis au Rialto, ce pont des rêveries,
Qui découpe dans l'air ses vertes galeries,
Dès l'aube il écoutait les voix des gondoliers
Qui se hêlent de loin au bord des escaliers.
Vers le soir, de Saint-Marc il longeait les portiques,
Pour voir, sur le fond d'or des belles mosaïques,
Les visages des saints calmes et rayonnants,
Et, couchés à leurs pieds, quelques vieux mendiants.
Il se traînait parfois au haut du campanile.
L'ombre l'y surprenait à regarder la ville
Se voilant de vapeurs sous le ciel étoilé.
Il descendait enfin, mourant, mais consolé.
Il venait au beffroi passer les nuits d'orage
Et savourait alors comme un plaisir sauvage.
Cette nuit-là, la foudre effrayait le guetteur,
Et le clocher tremblait dans toute sa hauteur.
On entendait frémir les cinq cloches vibrantes.
Le poète semblait heureux : ses mains tremblantes

Applaudissaient la foudre éclatant dans les airs ;
Ses regards se plongeaient dans les cieux entr'ouverts...

L'orage avait cessé de gronder. Le poète
Sur le balustre avait laissé tomber sa tête ;
Le guetteur le croyait de fatigue endormi.
L'aurore se montra, souriante à demi :
Les formes des palais blanchâtres et rosées
Ondulaient dans les eaux par la nuit reposées ;
Tous les clochers chantaient le lever du soleil.
Le poète dormait... il n'eut point de réveil !

LE COLPORTEUR

A Arthur de Lisle

La nuit vient. J'aperçois, comme un feu qui s'allume,
La forge du hameau, rougeâtre dans la brume.
Les pas des laboureurs sur le chemin glacé
Résonnent, et, longtemps après qu'ils ont passé,
Mon oreille les suit qui descendent la pente.
Un mouton, en traînant sa corde, se lamente
Au milieu des guérets que traverse un chasseur.
Le ciel n'a plus du jour qu'une vague pâleur.
Un homme près de moi marche d'un pied rapide,
Tout courbé cependant sous un ballot sordide.
Messager d'impudeur et d'incrédulité,
Pour corrompre les champs, il vient de la cité.
L'Angelus tinte au loin. Il semble que la cloche
De cet homme sans foi veut annoncer l'approche.
Le voilà qui gravit lestement le coteau :
De ses livres, Seigneur, défendez le hameau !

EN RÊVE

A M. Frédéric Mistral

« Les grands manquent de cœur. »
LA BRUYÈRE.

La mer, sous le soleil, roule des flots d'argent.
Un rocher noir, creusé comme un vase de pierre,
S'y dresse, et l'eau du ciel, reflétant la lumière,
Dans cette vaste coupe ondule et tremble au vent.

Les oiseaux, par nuée, au-dessus de la roche
Tourbillonnent en vain, voulant boire à ces eaux :
Des aigles menaçants en défendent l'approche ;
L'eau du ciel est leur bien : ils sont rois des oiseaux.

J'entends des cris : la mer se couvre de victimes.
Par les aigles frappés, tachés de sang vermeil,
Quelques cygnes mourants montent vers le soleil ;
Ils attestent le Dieu, puis tombent aux abîmes.

O Justice ! ô soleil endormi dans les cieux !
Pour voler jusqu'à toi, qui donc aura des ailes ?
Qui pourra t'éveiller, astre silencieux ?
Quels cris ébranleront les voûtes éternelles ?

LE RETOUR DES PROSCRITS

A Gabriel Meresse

Quand le jour leur montra le haut beffroi de Sienne,
Rouge et blanc sur le ciel verdâtre du matin,
Les proscrits, arrêtant leurs chevaux dans la plaine,
Saluèrent la ville et son clocher lointain.

Autour d'eux la campagne était encor déserte.
Les gardiens des moissons dans leur hutte en roseaux
Dormaient, et les ramiers parmi la vigne verte
S'éveillaient seuls au bruit des pas de leurs chevaux.

Les proscrits se taisaient, et quand ils arrivèrent
Sous les remparts dorés par les rayons du jour,
Vers le faîte leurs yeux inquiets se levèrent :
Une femme était là qui guettait leur retour.

Ils franchirent la porte ; et les palais gothiques
Dominés d'une tour, couronnés de créneaux,
Dressèrent auprès d'eux leurs murailles de briques,
Où sont peints des blasons, où pendent des anneaux.

Souvenir éloquent de la gloire de Sienne,
La louve était partout debout sur son pilier.
Ils passaient tristement, la regardant à peine,
Comme ayant un souci qu'on ne peut oublier.

Ils savaient qu'une femme avide d'espérance
Allait leur demander son fils proscrit comme eux ;
Et ce fils était mort, sur la route, à Florence,
Revenant de l'exil, épuisé, mais joyeux.

Ils étaient parvenus près de la cathédrale,
Ce vieux Dôme de marbre aux splendides couleurs,
Quand la mère parut devant eux, toute pâle,
Et les compta... Ses yeux se remplirent de pleurs.

Elle ne dit qu'un mot : « Mon fils ? » A leur silence,
Bientôt elle comprit que son fils était mort ;
Mais, vaillante, elle sut maîtriser sa souffrance,
Et monta vers l'église en faisant un effort.

Les cavaliers émus descendirent à terre,
Admirant ce courage et cette fermeté ;
Et tous à sa douleur unirent leur prière :
Ils ne séparaient pas Dieu de la Liberté.
 1868.

LE MAITRE

A Alphonse Gautté

Les batteurs fatigués ont jeté leurs fléaux,
Il est bientôt midi : l'aire devient brûlante;
La paille du froment sous leurs pieds est glissante;
Ils cherchent l'ombre auprès des gerbes en monceaux.

Là, tournés vers la mer, ils aspirent la brise
Qui sur l'eau fait courir quelques légers frissons,
La gaîté du repos réjouit tous les fronts,
Et le rire en éclats comme un cristal se brise.

Mais un enfant leur fait un signe de la main :
Les batteurs aussitôt se rangent en silence ;
Les fléaux sur le blé retombent en cadence,
Et le maître paraît au détour du chemin.

DEVANT

UN DESSIN D'ALBERT DURER

A Aurélien Padioleau

Vieux génie allemand, penseur mystérieux,
Pourquoi vas-tu placer sur un crâne hideux
Ce casque de guerrier aux plumes fantastiques ?
Combien nous font rêver tes symboles gothiques,
Egarés à Milan sous un ciel lumineux !
Près du crâne une femme est debout, jeune et belle :
Un satyre lui parle en riant derrière elle.
Qui jamais comme toi sut railler sans effort
La gloire et la jeunesse en face de la Mort ?

Milan. Bibliothèque Ambrosienne.

DEUX FIGURINES

Comme dans un écrin, je garde en ma mémoire
Deux figures dont j'aime à revoir les contours.
Je n'ai jamais rien su, lecteur, de leur histoire ;
Vous pouvez, s'il vous plaît, partager mes amours.

J'ai vu l'une en Bretagne, et par un jour d'automne,
Assise sous des ifs, la quenouille à la main ;
J'ai vu l'autre à l'éclat du beau soleil romain
Debout parmi les fleurs, sur la place Navone.

C'est vraiment un tableau pour enchanter les yeux
Que cette place immense avec ses trois fontaines,
Ses grands palais jaunis et son peuple joyeux,
Et les fruits odorants dans les corbeilles pleines.

A l'ombre d'une église étalant ses bouquets,
Un matin, j'aperçus une femme si belle,
Que j'allai m'appuyer au porche d'un palais,
D'où mes regards charmés pouvaient planer sur elle.

Ses habits étaient ceux des femmes d'Albano,
La jupe de couleur avec le blanc corsage ;
Son front brun s'abritait sons le léger *panno* ;
Ses grands yeux noirs brillaient. Vingt ans étaient son âge.

Sur des feuilles d'acanthe elle groupait ses fleurs :
Tulipe, frais glaïeul, lilas, narcisse et rose.
Devant elle passaient de nombreux acheteurs.
Sa bouche souriait, grenade demi-close.

Non loin de là fumait un bouvier fier et doux,
Dans son char attelé de bœufs à toison grise.
Elle alla le rejoindre ; il était son époux,
Et le char disparut à l'angle de l'église.

Je ne l'ai point revue, et le printemps s'enfuit :
L'automne me trouva parcourant la Bretagne.
Un soir, je regagnais un bourg avant la nuit,
Et gravissais les flancs d'une aride montagne.

Au sommet, sous des ifs croissant dans les rochers,
Des enfants rassemblés écoutaient une femme
Qui nommait des îlots, des forêts, des clochers,
Et dont les yeux profonds laissaient entrevoir l'âme.

La mer, comme le ciel, était rouge au couchant.
Les voiles des pêcheurs cinglaient vers les rivages ;
Au zénith, dans l'azur, s'argentait le croissant,
Et sur les monts lointains rampaient de noirs nuages.

Cette femme disait les souvenirs bretons,
Les légendes, les chants, les combats, les victoires ;
De tous nos vieux héros elle citait les noms,
Apprenant aux enfants à vénérer nos gloires.

Puis elle flétrissait les traîtres au pays,
Ceux par qui les Français entrèrent en Bretagne ;
Et mon cœur tressaillait à tous ces noms maudits.
Pourtant d'un pied joyeux je franchis la montagne.

L'amour de la patrie était encor vivant !
L'antique liberté troublait encore une âme !
On la montrait encore aux regards de l'enfant !
Elle faisait trembler les lèvres de la femme !

Je ne t'oublierai point, paysanne aux yeux bleus,
O fille des kimris, ni toi, belle Romaine,
Car vous me rappelez, en symboles heureux,
La liberté bretonne et la beauté sereine !

CANTILÈNES

CANTILÈNES

A la mémoire d'Émile Péhant

Comme ces vieux palais de Sienne et de Vérone
Rougeâtres ou noircis, d'un style étrange et fier,
Maître, j'aimais vos chants dont la grandeur étonne,
Où vivent les héros de l'histoire bretonne,
Femmes au noble cœur, guerriers bardés de fer.

Poète, vous étiez de la race du Dante.
Vos tableaux sont remplis de sang et de terreur ;
Mais sur les tours fleurit l'œillet rose ou la menthe ;
Dans les camps l'oiseau vient chanter sur une tente ;
Aux ombres vous mêlez quelque blanche lueur.

Votre âme bouillonnait comme celle d'Eschyle,
En voyant l'injustice et la fatalité.
Loin du riche insolent et du pauvre servile,
Au delà de la terre, elle espérait asile,
Pleine d'âpres désirs de l'immortalité.

Aujourd'hui vous pouvez sonder le grand mystère ;
Vous lisez l'avenir dans le Livre éternel ;
En passant le Léthé de Virgile et d'Homère,
Vous avez oublié votre jeunesse amère,
Mais les doux souvenirs refleurissent au ciel.

Quand Brizeux s'en alla « vers une autre Bretagne »,
Sur les bords du Blavet on sculpta son tombeau.
Barde, il eût préféré dans l'aride campagne
Un grisâtre menhir au pied d'une montagne,
Parmi la brande verte où coule un frais ruisseau.

Vous, chantre de Clisson et de Jeanne la Flamme,
Poète des combats, où dormirez-vous mieux
Qu'à l'ombre des remparts où s'éveilla votre âme,
Où le nom des Montfort fit naître votre drame,
Près des murs de Guérande, où dorment vos aïeux ?

Sur ses douves encor passera l'hirondelle,
Comme un rapide éclair effleurant le roseau ;
Les cloches tinteront dans la haute tourelle ;
La mer vous bercera de sa plainte éternelle,
Et la gloire viendra dorer votre tombeau.

    Nantes, mars 1876.

EN OCTOBRE

A Aurélien Padioleau

Le vent égrène sur la mousse
Les grappes noires des sureaux.
Les prés sont verts ; l'herbe repousse ;
La pluie a gonflé les ruisseaux.

J'entends tomber la cascatelle
Qui fait tourner le vieux moulin
Dont la roue humide étincelle
Aux pâles rayons du matin.

Le chaume, dans la plaine immense,
Déjà gris, couvre les sillons,
Et la linotte s'y balance
Sur la fleur sèche des chardons.

Autrefois quand venait l'automne,
Je sentais mon cœur attristé.
J'aime aujourd'hui ; l'amour me donne
La joie et son prisme enchanté.

1872.

EUGÈNE CAVAIGNAC

A Henri Van Iseghem

2 novembre.

Dans cette pauvre France oublieuse et flétrie,
Qui se souvient de toi, sauveur de la patrie,
Moderne Phocion, descendu du pouvoir,
Comme les vieux héros fidèles au devoir !
Sur ta tombe modeste il n'est point de statue ;
Et dans ce jour des Morts, si mon âme abattue
Se relève un instant vers toi, c'est qu'un hasard
Sur des rosiers en fleur a porté mon regard.

Quand tu revins d'exil, aux premiers jours d'automne,
Tu cherchas le repos près de la mer bretonne.
Souvent je te voyais passer sur ce chemin,
Seul, songeant ou tenant quelque livre à la main.
Des rosiers tapissaient la maison de mon père,

Et leurs bouquets charmants, qui se mêlaient au lierre,
Abritaient à demi des nids de passereaux.
Cavaignac admirait ces fleurs et ces oiseaux.
Il s'arrêtait parfois ; le guettant au passage,
Je voyais un sourire effleurer son visage.

Le peuple de Paris délaisse son tombeau ;
Mais l'Histoire viendra soulever cette pierre,
Et dans l'ombre, abaissant son immortel flambeau,
Sur le grand citoyen répandra sa lumière.

    Pornic.

LA MER

A Gustave Roch

O mer, près de tes bords mes yeux se sont ouverts.
Je t'ai vue, au soleil, bleue et diamantée ;
J'ai vu ton sein dormant sous la lune argentée ;
Je t'ai vue écumante et tordant tes flots verts.

Enfant, je t'admirais sous tes aspects divers.
Dès que j'eus une voix, ô mer, je t'ai chantée ;
Tu fis briller le Beau sur mon âme enchantée,
Tel qu'un phare éclairant des rivages déserts.

Ton invincible charme attirait ma jeunesse,
Comme si j'attendais qu'une blanche déesse
Sur son char azuré vînt effleurer tes eaux.

Je savais qu'ils sont loin les temps du vieil Homère,
Mais, souffrant vaguement des bornes de la terre,
J'allais voir l'Infini dans tes changeants tableaux.

HEURE D'ANGOISSE

Mon âme, avide de lumière,
Partout cherche la vérité ;
Mais l'ombre succède au mystère,
Et, si quelque pâle clarté
Du ciel vient percer les ténèbres,
Je songe à ces torches funèbres
Qu'à Rome on voit passer, le soir,
A la main d'un pénitent noir,
Près d'un mort couché dans sa bière.
Seigneur, Seigneur, plus de lumière !

PENSÉE DE DÉCEMBRE

Dans les hauts peupliers effeuillés par l'hiver,
Le geai bleu va chercher les graines du gui vert ;
Sous la mousse des bois, dans la neige ou le givre,
La bécasse découvre un ver qui la fait vivre ;
Mais le Pauvre, quand vient le temps noir des frimas,
Si le Riche au travail n'appelle point ses bras,
Où prendra-t-il le pain, soutien de sa misère ?
Auprès de ses enfants glacés dans sa chaumière,
Il reste morne et sent des abîmes du cœur
Monter mille ferments de haine et de fureur.
Ceux qui n'ont point souffert diront qn'il est coupable,
Qu'il doit tendre sa main au riche charitable.
Peut-être ! mais parfois les pauvres sans manteaux
Ont frappé vainement aux portes des châteaux !

LES PÊCHEURS BRETONS

A mon beau-père

Ils étaient vingt, assis sur une âpre colline,
Près d'un clocher gothique à la flèche en ruine,
Attendant que la mer mît leurs barques à flot.
Jeunes et vieux fumaient sans se dire un seul mot.

Sous leurs bonnets de cuir ou d'épaisses fourrures,
Un peintre eût admiré ces austères figures
Regardant les flots verts et, sur son roc lointain,
La tour de Triagoz, blanche aux feux du matin.

Taciturnes et froids comme ceux de leur race,
Ces hommes sur leurs fronts avaient gardé la trace
Des combats incessants qu'ils livraient à la mort,
Au milieu des écueils semés devant le port.

Quand l'Océan roula ses lames vers la plage,
Chacun vint à son tour détacher du rivage
Son bateau lentement balancé par la mer,
Et jeta sur le pont sa lourde ancre de fer.

Les vagues bondissaient à l'entour des Sept-Iles,
Montagnes de granit rougeâtres et stériles ;
D'épais nuages noirs s'amoncelaient aux cieux
Mais les pêcheurs partaient, calmes, silencieux.

Perros-Guirec.

PAYSAGE

A Georges Maublanc

En errant aujourd'hui, j'ai vu ce paysage :
Dans la forêt de pins, une gorge sauvage
Où d'énormes rochers resserrent un torrent.
Malgré l'été, les eaux bondissaient en courant.
Sur le bord sablonneux où fleurit l'iris jaune,
Un pâtre de seize ans, nu comme un jeune faune,
Debout près de ses chiens, seul en ces lieux déserts,
Regardait le soleil trembler dans les flots clairs.
C'était tout le tableau ; mais il eût, en Sicile,
A Moschus ou Bion suffi pour une idylle.

SOIR D'ÉTÉ

A ma belle-mère

Sur le vieux bastion entouré de vieux ormes,
Je m'oublie à rêver, assis parmi les fleurs.
Dans le ciel rose encor, les martinets rieurs
Passent, mais la nuit vient mêler toutes les formes.
Un lys, dans l'ombre, seul montre ses fleurs d'argent;
La lune, qui se glisse entre les branches vertes,
L'éclaire d'un rayon fantastique et changeant.
J'écoute un chant sortir des fenêtres ouvertes,
Un doux chant de Mozart, plein d'amour idéal.
Je crois voir s'envoler les notes de cristal
Dans l'air tiède, embaumé par la vigne fleurie.
Le chant s'est tu... J'entends les rosiers du jardin
Froissés par une robe à longs plis, et soudain
Un baiser de mon front chasse la rêverie...

Châteaubriant, 1874.

SOIR D'HIVER

A mes belles-sœurs

Un souffle d'ouragan traverse le ciel noir ;
La pluie à flots se mêle aux ténèbres du soir.
Dans ma chambre accoudé, je regarde les ombres
S'étendre sur les champs glacés et les bois sombres,
Et les passants courir serrés dans leurs manteaux.
Sur la tour où le vent, qui tord les vieux ormeaux,
Parsème les débris de quelques frêles branches,
Les perce-neige en fleur courbent leurs têtes blanches.
Tout est sombre au dehors ; c'est l'hiver et la nuit.
Mais mon âme, écartant ces ombres et ce bruit,
Se repose au milieu d'une paix lumineuse ;
Car, à mon clair foyer, plein de flamme joyeuse,
Je vois, chauffant les pieds roses de mon enfant,
Sa mère qui sourit et l'endort en chantant.

Châteaubriant, 1874.

LA CHASSE DU POÈTE

A Madame Riom

Le jour naissait. Le ciel était d'un gris rosé.
Mon fusil près de moi sur la mousse posé,
Je guettais un chevreuil dans la lande déserte,
Au bord d'une forêt de bruine couverte.
Les chiens chassaient au loin, et leurs cris dans les bois.
Éveillaient mille échos. Quand s'éteignaient leurs voix,
J'entendais la bruine en gouttelettes claires
Des grands arbres noircis tomber sur les bruyères.

Dans le vallon voisin dormait un vieux château,
Devant un large étang, tranquille nappe d'eau
D'où s'élève un bouquet de frênes et de saules.
Une nymphe de marbre y montrait ses épaules,
A travers les rameaux par l'hiver dépouillés.
Dans ce gris paysage et sous ces cieux mouillés,

Charmante vision de la Grèce divine,
Un instant tu chassas l'hiver et la bruine !
Tout un monde riant passa devant mes yeux.
Je vis des monts d'azur, un soleil radieux,
La Grèce rajeunie, Athènes dans sa gloire,
Minerve encor debout sur un haut promontoire,
La mer aux îles d'or, la mer aux flots chantants,
Les grèves où les lys fleurissent au printemps,
Et je m'y crus assis près de ma jeune femme,
Sa tête sur mon cœur et l'amour dans mon âme...

Tout à coup j'entendis sur le feuillage mort
Un léger bruit courir. Par un rapide effort
Je saisis mon fusil ; mais, encor plus rapide,
Le chreveuil avait fui sous la forêt humide.

1874.

PORTRAIT

Sous le jour argenté d'une haute fenêtre,
Où pend un long rideau de velours violet,
Rêveuse, elle est assise et voit avec regret
Les ormeaux s'effeuiller et l'automne apparaître.

Dans ses yeux se reflète une douce langueur ;
Ses cheveux bruns semés d'une poudre légère
Ne cachent point son front que pâlit la lumière,
Ni son oreille rose et qui semble une fleur.

Sa main fine sortant d'une blanche dentelle
Tient un livre entr'ouvert posé sur ses genoux ;
C'est le vieux Manzoni, poète austère et doux,
Qui fit de l'amour pur l'épopée immortelle.

1874.

EN MAI

A Francis Rousselot

Les champs de lin sont azurés
Comme les étangs dans les plaines,
Et les vertes pousses des chênes
Ont perdu leurs reflets dorés.

La fleur neigeuse des viornes
S'épanouit dans les buissons,
Où les béliers aux jeunes cornes
Broutent les feuilles des houblons.

L'églantier se couvre de roses.
Partout se dresse au bord des eaux,
Sur le sol pierreux des coteaux,
La digitale aux cloches roses.

Dans les blés verts, avec sa main,
La sarcleuse arrache l'ivraie,
Puis la jette sur le chemin
Et du sillon ferme la plaie.

Les geais bleus et les merles noirs,
Près des courtils de nos villages,
Sifflent cachés sous les ombrages,
Voltigeant autour des lavoirs.

Le soir, les troupeaux dans la crèche
Trouvent des herbes, au retour.
L'air est tiède, la brise fraîche ;
Tout fleurit et chante l'amour.

LE GUIDE DU RAZ

A M. l'abbé Léon Le Monnier

Sinistre promontoire entouré de naufrages,
Les bardes ont vanté tes falaises sauvages !
Ils ont dit vrai. J'ai vu sur tes âpres granits
La tempête arracher les vieux lichens jaunis
Et la mer à tes pieds toute blanche d'écume,
Jusqu'à l'île de Sein, noire au loin dans la brume.

Près du chemin qui mène à ces sombres rochers,
Au milieu de chevaux paissant une herbe rare,
Des enfants en haillons groupés sous le grand phare,
Dès l'aube jusqu'au soir guettent les étrangers.

Un jour d'été, l'un d'eux, pâle, au charmant visage,
Offrait aux voyageurs quelques fleurs du rivage,
La scille violette et les frais liserons.
Un artiste le prit pour guide aux environs.

L'enfant courait pieds nus sur le bord des abîmes,
Parmi les blocs géants entassés au hasard
Ou fièrement dressés en aiguilles sublimes.
La pureté du ciel défiait le regard ;
Quelques noirs cormorans planaient sur l'onde claire
Que le soleil semait d'étoiles de lumière.

L'artiste alla s'asseoir, sans souci du danger,
Où la terre finit, sur le dernier rocher.
Autour d'eux les courants passaient comme la foudre,
Les vagues les couvraient d'humide et blanche poudre.
Vers le soir, un oiseau blessé par des chasseurs
Sur un roc isolé s'abattit, et ses sœurs
Les mouettes venaient avec un grand bruit d'ailes
L'entourer, doux essaim de compagnes fidèles.

L'artiste eut un caprice ; il fit signe à l'enfant
D'aller vite pour lui chercher l'oiseau mourant.
Le vent était tombé ; la mer semblait tranquille.
L'enfant joyeux laissa ses habits et docile
Nagea vers le rocher, saisit le goëland,
Puis, comme un jeune dieu marin qui se repose,
Au sommet, sur la mousse, il s'assit un instant.

Les mouettes fuyaient criant dans le ciel rose.
Tout à coup une lame énorme s'éleva
Et dans un tourbillon d'écume elle enleva
L'enfant qui disparut sans pousser une plainte,
Glacé par la terreur sous cette horrible étreinte.
Ce fut comme un éclair. L'artiste épouvanté
S'élança pour plonger dans ces eaux tournoyantes,
Qui, revenant bientôt à leur limpidité,
Reflétaient du couchant les lueurs éclatantes.
Un pêcheur lui cria qu'il allait à la mort ;
Il quitta ces rochers en maudissant le sort.

La nuit vint et l'on vit sur les hautes falaises,
Où les phares avaient allumé leurs fournaises,
Une mère accourir s'arrachant les cheveux.
D'autres femmes suivaient. Ce groupe douloureux,
Attendant le reflux, à l'aube errait encore ;
Mais l'océan garda sa proie, et quand l'aurore
Sur ses coursiers de feu reparut dans le ciel,
Ses lèvres souriaient du sourire éternel.

UN BAL COSTUMÉ DE LANCRET

A Louis Linyer

Des dames, des seigneurs, dans un riche salon,
Dansent un menuet au son d'un violon.
Un jeune cavalier de tournure élégante,
Habillé de gris perle, en culotte collante,
Manteau court et coiffé d'une toque à ravir,
Frais visage arrondi, pétillant de plaisir,
En lui tendant la main sourit à sa danseuse.
Celle-ci, jeune femme à mine dédaigneuse,
Le teint rougi de fard, fière de sa beauté,
Tout en le regardant danse avec dignité.
Elle étale les plis de sa jupe aux tons roses.
Un seigneur les observe avec des airs moroses ;
Il porte une guitare au bout d'un ruban bleu.
Dans un coin du salon, en se cachant un peu,

Un autre met les doigts dans un joli corsage
Qui fort tranquillement laisse un libre passage.
Plus loin, près de la porte, un bourdon à la main,
Coquilles au collet, se tient un pèlerin
Et du pays d'amour il conte les nouvelles
A sa dame qui rit derrière ses dentelles.
Auprès d'eux une enfant, dans la paix de son cœur,
Traîne un petit jouet qui fait tout son bonheur.
Lancret mêle souvent à ses fêtes galantes
Quelque trait de finesse et de raison piquantes.

 Musée de Nantes.

LE MARAIS DE BOURGNEUF-EN-RETZ

A ma femme

Ce pays plat coupé d'eau morne et de prairies
Aux longs fossés bordés de maigres tamarins,
Où l'on cueille le sel près des fèves fleuries,
Où planent sur les blés de blancs oiseaux marins ;

Ce pays monotone, à l'horizon immense,
Où quelque vieux clocher, un bouquet d'arbres verts
De loin en loin s'élève ; où, dans un grand silence,
La mer bat une digue et des sables déserts ;

Ce marais plaît encore à ton âme rêveuse.
Dans nos fraîches amours nous l'avons visité,
Et voilé doucement de brume harmonieuse,
Ton souvenir le voit comme en ce jour d'été.

Mais te rappelles-tu la figure pâlie
Des enfants dont la fièvre éteignait les couleurs ?
Pour l'esprit et le corps il faut placer sa vie
Au milieu d'un air pur, en cherchant les hauteurs.

HENRI REGNAULT

A M. Gabriel Charmes

Il est tombé pour sa ville et ses dieux,
Comme un héros de Corinthe ou d'Athènes,
Aimé du ciel et des muses sereines,
Mort dans sa fleur et déjà glorieux.

Se souvenant des coutumes antiques,
Ses compagnons, dans le Temple des arts,
Ont élevé, sous d'élégants portiques,
Son monument, cher à tous les regards.

Sur un fond d'or où monte un laurier-rose,
Son buste fier se dresse noblement,
Et la Jeunesse, au corps souple et charmant,
Tenant la palme, auprès de lui la pose.

UNE MARINE DE SALVATOR ROSA

A mon frère

C'est un port d'Italie. Une lueur dorée
Vient frapper une tour gigantesque et carrée.
Sur l'eau verte à ses pieds volent des goëlands.
En face, entre les mâts des navires flottants,
Une seconde tour apparaît, et l'aurore
Blanchit à l'horizon deux autres tours encore.
De superbes vaisseaux, pavillons déployés,
Attendent un bon vent près du môle enchaînés.
Leurs poupes et leurs flancs sont ornés de sculptures :
Néréides, Tritons, colossales figures.
Les nuages légers, qui traversent les cieux,
Traînent des reflets blancs sur les flots lumineux.
On sent l'air du matin et le jour qui se lève.
Des ancres, des tonneaux sont épars sur la grève.
La femme d'un pêcheur cause avec un guerrier
Dont la sombre cuirasse a des éclats d'acier,
Et près d'eux des marins poussent vers le rivage
Leur barque qui revient d'un nocturne voyage.

    Musée de Nantes.

LES DEUX BARONNES

A M. E. Guibourd

La légende a peuplé de deux ombres charmantes
Le palais des Laval et des Châteaubriant
Qui s'élève au milieu des bois, des eaux dormantes,
A demi ruiné, sévère et souriant.

Sur l'antique donjon tapissé de fougères
Les enfants vont chercher les nids des éperviers,
Et parmi les créneaux tout revêtus de lierres
L'écureuil se nourrit du fruit des coudriers.

Le soleil dore, auprès de ces débris gothiques,
Une riche façade et de hauts pavillons
Que réunit un cloître où glissent les rayons,
Entre des piliers bleus, légers et poétiques.

Là vécurent Sybille et Françoise de Foix.
Assise à son rouet ainsi qu'une Romaine,
Tandis que son époux combattait pour la Croix,
Sybille en son donjon filait la blanche laine.

Elle apprit qu'en Égypte il avait disparu,
Puis les jours et les ans tristement s'écoulèrent ;
Mais des torches un soir sur les coteaux brillèrent
Et le cor annonça le glorieux vaincu.

On entendit bientôt les pas des hommes d'armes,
Et le pont s'abaissa devant un destrier.
Sybille descendit joyeuse et tout en larmes,
Mais elle tomba morte aux bras du chevalier.

De Françoise de Foix la légende est moins pure ;
Fraîche, blonde, elle était d'éclatante beauté.
François premier la vit, admira sa figure.
L'amour d'un roi puissant est bien vite écouté.

Son mari fut chargé d'un message à Florence,
Par des chemins peu sûrs hantés des lansquenets,
Tandis qu'elle, à Paris, semblait reine de France
Et de Clément Marot recevait les sonnets.

Quand le baron, charmé des palais d'Italie,
Revint; il fit bâtir cet élégant château.
Le roi l'y visita, mais cet honneur nouveau
Au vieux seigneur laissa quelque mélancolie.

Longtemps, dit la légende, il cacha sa fureur.
Françoise, un jour, pleurait dans sa *chambre dorée;*
Il vint et lui plongea son stylet dans le cœur,
Raillant cette beauté qu'il avait adorée.

O fantômes charmants, victimes de l'amour,
Le peuple vous revoit aux lueurs des étoiles ;
Françoise tristement passe sous de longs voiles ;
Sybille vient filer au sommet d'une tour.

    Châteaubriant.

AU LAC D'AGNANO

A Ch. Robinot-Bertrand

La carabine en bandoulière,
Des paysans napolitains,
Près du lac, à l'ombre des pins,
Sont assis sur un banc de pierre.

Sous une treille, à côté d'eux,
Est debout une jeune fille,
Pieds nus, jupon rouge en guenille,
Un blanc jasmin dans les cheveux.

Le lac endort ses eaux désertes
Au souffle d'un vent attiédi ;
Un vieux couvent sonne midi,
Au loin, sur des collines vertes.

Les âmes, le ciel et les champs,
Tout se tait et semble immobile
Pour goûter la beauté tranquille
De ce divin jour de printemps.

SOUVENIR DE BOLOGNE

A M. J. Martineau

O villes d'Italie, au cœur de l'étranger
Vous laissez un parfum plus doux que l'oranger.
Bologne, je revois après bien des années
Tes fontaines de marbre et tes tours inclinées,
Tes femmes respirant le vent des Apennins,
Quand le soleil descend vers les sommets lointains,
Tes vieux tombeaux debout sur les places publiques
Et les pénitents noirs sous tes rouges portiques.
Je me souviens du soir où j'ai rêvé longtemps
Devant le médaillon d'Enzo, roi de vingt ans,
Qu'irisait un rayon dans l'ombre d'une église.
Sous le casque je vois cette figure exquise,
Aux longs cheveux bouclés, à l'œil doux et rêveur.
Tassoni l'a chanté, ce fils d'un empereur,
Qui, traînant avec lui la gloire et la folie,
Insouciant vainqueur, traversa l'Italie,
Et vint tomber un jour aux mains des Bolonais
Pour mourir lentement captif dans un palais.
L'amour l'y consola parfois, nous dit l'histoire.
Les muses et les arts ont orné sa mémoire...

PONT-AVEN

A M. Arthur de la Borderie

Au fond d'une agreste vallée
Aux pentes couvertes de bois,
Sans ordre sont groupés des toits
Autour d'une flèche effilée.

Parmi des roches de granit,
L'Aven aux flots bruyants se joue,
Sans cesse arrêté par la roue
Des moulins qui bordent son lit.

O vieux moulins, voilés de frênes,
D'iris et de pâles roseaux,
Vous désespérez les pinceaux
De l'artiste errant sous ces chênes.

Tout le jour, de jeunes pêcheurs,
Assis sur le grand pont de pierre,

Guettent au bord de la rivière
La truite dans l'herbe et les fleurs.

Séchant leur voile rouge ou grise,
Des barques remplissent le port.
L'une rentre, puis l'autre sort,
Suivant le souffle de la brise.

La tour gothique du Hénan
Se dresse au loin sur la colline ;
A l'horizon bleu se dessine
Le triste archipel de Glénan.

Comme à leur nid des hirondelles,
Petit bourg au fleuve argenté,
Vers toi, revient avec l'été
Un essaim de peintres fidèles.

UNE ESQUISSE

D'EUGÈNE DELACROIX

A M. Henri Hardouin

Sous le soleil ardent des plaines d'Arabie,
Au pied d'un sycomore à la feuille rougie,
Un vieux chef de tribu rencontre des pasteurs.
Vêtu de blanc mêlé d'éclatantes couleurs,
Il est sur son cheval et regarde une femme
Qui dans ses bras brunis lui présente un bassin.
Noblement, comme un maître il étend une main.
De l'antique Orient on sent respirer l'âme
Dans ce groupe superbe entouré de vieillards.
Une autre femme approche apportant une amphore,
Tandis que des enfants, auprès du sycomore,
Sur cet hôte puissant attachent leurs regards,
Et qu'au fond d'un ravin où coule une eau limpide
Monte un essaim nombreux de cavaliers brillants,
Qui derrière le chef, sur un beau ciel aride,
Font flotter des drapeaux rougeâtres, verts et blancs.

Musée de Nantes.

L'ANÉMONE SAUVAGE

A une jeune fille.

L'anémone sauvage au bord des prés humides,
Dans l'ombre et la rosée aux lisières des bois,
Fleurit sans qu'un regard l'admire et qu'une voix
Célèbre sa blancheur et ses grâces timides.

Quelques pâtres grossiers, des bûcherons stupides,
Dans les sentiers près d'elle ont passé maintes fois.
Des dédains du chasseur elle a porté le poids,
Quand à l'aube il lançait ses lévriers rapides.

Mais un jour un poète, un rêveur amoureux,
(Car pour toute beauté l'amour ouvre nos yeux),
Voit la douce anémone et se penche vers elle.

Vous fleurissez dans l'ombre attendant le bonheur ;
Enfant, vers vous l'amour viendra comme à la fleur.
Aussi blanche que vous, l'anémone est moins belle.

LE MONT SAINT-MICHEL

A M. J. Roumanille

Ceint de ses vieux remparts, seul au milieu des grèves,
Pareil à ces châteaux entrevus dans les rêves,
Citadelle gothique, abbaye et prison,
Le grand Mont Saint-Michel domine l'horizon.

Dans la plaine de sable, éblouis de lumière,
Lentement nous marchons en suivant la rivière.
Des bandes de courlis rangés au bord des eaux
S'envolent vers la mer, et quelques noirs bateaux
Sont couchés sur le flanc près des hautes murailles,
Témoins toujours debout d'héroïques batailles.

Nous franchissons l'enceinte ; une douce fraîcheur
Baigne nos yeux brûlants et nos fronts en sueur.
Salut, vieux souvenirs, édifices sublimes,

Remparts géants dressés au-dessus des abîmes,
Superbe entassement de tours et de créneaux,
Cloîtres aux fins piliers, salles aux fiers arceaux,
Couronnés d'une église aux flèches dentelées !

Dans l'azur clair des jours, sous les nuits étoilées,
Que l'âpre vent d'hiver traverse le ciel gris,
Ou qu'une tiède brise apporte, dans ses plis,
De ces jardins étroits un parfum de lavande
Et la voix d'un pêcheur qui chante une légende,
Tu réveilles, ô Mont revêtu de splendeurs,
Tous les rêves divins endormis dans nos cœurs !

LE BAIN DES NYMPHES

A M. Frédéric Mistral

Les nymphes ont suivi Diane dans les bois,
Mais, lasses de la course, elles se sont assises
Sur la mousse, à l'abri de hautes roches grises,
Près d'un fleuve profond aux flots calmes et froids.

L'ardent soleil d'été perçant les feuilles vertes
Sous les aulnes touffus fait miroiter les eaux.
Point de pâtre indiscret sur ces rives désertes...
Une nymphe suspend sa tunique aux rameaux.

Elle avance un pied blanc dans l'eau claire et frissonne,
Le retire, et son corps a de nouveau frémi ;
Mais, brave, elle se jette au fleuve qui bouillonne
Et d'un voile d'argent la recouvre à demi.

Ses compagnes bientôt nagent à côté d'elle.
Leurs rires éclatants s'envolent dans les bois ;
La déesse revient et, laissant son carquois,
Les rejoint dans les eaux, à la chasse infidèle.

L'ILE TRISTAN

A M. Ch. Marionneau

Ilot charmant dont le blanc phare
Étend ses lueurs sur la mer
Et dans les sombres nuits d'hiver
Guide la barque qui s'égare,

Tu fus autrefois la terreur
Des hameaux semés sur ces grèves.
Ton histoire trouble les rêves
Du jeune pâtre et du pêcheur.

De ce rocher La Fontenelle
Avait fait un nid de brigands.
Ligueur féroce, il fut dix ans
Le roi de cette citadelle.

Ses soldats, la torche à la main,
Pillaient les châteaux et les villes ;
Il changeait des plaines fertiles
En longs déserts sur son chemin.

A Pen-march, la côte sauvage,
Six clochers au faîte écroulé,
Isolés dans les champs de blé,
Attestent aux yeux son passage.

Plein de ces tristes souvenirs,
Je rêve assis au bord de l'île.
Le ciel est d'or, la mer tranquille,
Les flots, plus bleus que des saphirs.

Les pins des collines prochaines
Se balancent au vent du soir.
Des monts d'Arez, comme un trait noir,
S'effacent les lignes lointaines.

Sur les quais dansent des pêcheurs,
Aux sons d'une aigre cornemuse.
Tout s'éteint... Dans la nuit confuse
On entend héler les passeurs.

  Douarnenez.

LA MUSE

A Madame Le Ray

Quand Raphaël traça de ses pinceaux divins
Cette sainte sublime, en extase ravie,
Qui des concerts du ciel écoute l'harmonie,
Il la montra laissant s'échapper de ses mains,
Comme indignes de Dieu, les instruments humains.

Si je relis vos chants, ô poètes antiques,
Simples, nobles, pareils aux beaux temples doriques
Dont le soleil de Grèce éclaire la blancheur,
Sur ma lèvre je sens des rires ironiques
En regardant mes vers, triste écho de mon cœur.

Et pourtant, quand je vois la mer et les montagnes ;
Si le chant d'un pêcheur s'élève dans la nuit ;
Sur la mousse des bois si quelque rayon luit,
Quand le ciel du matin réveille les campagnes,
La muse malgré moi m'attire et me séduit.

MATIN DE MARS

A M. E. Orieux

En wagon, ce matin, mon âme fut saisie
Par un frais sentiment d'agreste poésie.
Nous traversions des prés maigres et pourtant verts,
De vastes nappes d'eau légèrement couverts.
Des bourgeons argentés pointaient sur l'oseraie ;
L'aubépine et l'ajonc fleurissaient dans la haie.
Des vignes s'étendaient autour d'un vieux moulin
Dont le toit délabré domine le ravin.
De longs sarments flétris jonchaient la terre grise,
Et, tout rose, un pêcher frissonnait à la brise.
Un beau soleil levant perçait de ses rayons
La brume qui voilait les pâles horizons,
Semant des flaques d'or parmi l'herbe et la boue,
Aux pieds d'un paysan appuyé sur sa houe...

CHANSON

A Gaston Thubé

Des tours du vieux château de Pau,
J'admire au loin les Pyrénées,
Masses noires et sillonnées
D'éclairs bleus sur leur blanc manteau.

Ces grands monts entourés d'orages,
Menaçants et mystérieux,
Dans leurs plis gardent pour nos yeux
Des tableaux charmants ou sauvages.

J'y verrai les troupeaux d'isards
Sur les pics, aux clartés de l'aube,
Et près des eaux vertes de Gaube
Planer l'aigle aux fauves regards.

J'y verrai la douce vallée
Où Despourrins chanta l'amour,
Les fraîches roses de Lutour,
Le lys jaune à fleur étoilée.

J'entendrai le bruit des torrents,
Le vent dans les forêts de hêtres,
Et chaque soir sous mes fenêtres
Les vieux airs d'artistes errants.

LE PAGE ET LA NYMPHE

A M. T. Aubanel

Au bord d'un étang bleu qu'entouraient des collines
Où la sauge fleurit avec les romarins,
Une nymphe dormait, blanche, aux formes divines,
Sous l'ombrage tremblant de légers tamarins.

Une couleuvre d'eau vint piquer son pied rose.
La nymphe s'éveilla poussant un cri d'effroi.
Un page qui portait un message du roi
Passait ; de sa frayeur il demanda la cause.

Le page était charmant. Sa toque de velours
Et son pourpoint d'azur le paraient à merveille.
La nymphe en rougissant réclama son secours,
Et montra sur son pied une goutte vermeille.

Le page, épris d'amour, se mit à deux genoux.
De ses lèvres longtemps il pressa la blessure ;
Puis, le cœur tout gonflé d'un souvenir si doux,
Il vint au roi René conter son aventure.

Le roi des troubadours sourit. Sa vieille main
De l'enfant caressa la fine et blonde tête :
« Ton message est rempli, dit-il, mais en chemin
« Tu dors, page, et tu fais des rêves de poète. »

LE PALAIS DOBRÉE

A M. F. Parenteau

Ce beau palais roman à la tour élégante,
Aux fiers pignons ornés d'animaux de granit,
Ours mornes et hibous, garde aveugle, impuissante,
Sous les yeux d'un vieillard lentement se finit.

C'est son œuvre. En vingt ans il a bâti son rêve.
Pareil à ces Flamands amoureux d'une fleur,
Il couve du regard son palais qui s'élève,
Dirigeant d'un conseil le ciseau du sculpteur.

Les siècles passeront ; sa demeure immortelle
Restera pour charmer les artistes futurs.
Quand un beau ciel d'été met l'azur autour d'elle,
Lucques, Pise, envieraient cette tour aux traits purs.

    Nantes.

A UN POÈTE DE PROVINCE

Ami, quand vous chantez le petit coin de terre
Où vous passez vos jours en rêveur solitaire,
On ne vous a point vu faire appel aux échos
Pour répéter vos chants de joie ou vos sanglots.

Si votre voix se perd dans l'immense nature,
Comme sur l'Océan la note claire et pure
De la barge qui vole en rasant les flots verts,
Vous n'êtes point surpris, et sans regrets amers
Vous reprenez vos chants où les vieilles légendes
Gardent la fraîche odeur des genêts et des landes.

Un hameau dont la neige a velouté les toits,
Une source coulant, l'hiver, au fond des bois
Sur un lit de cresson et de feuilles jaunies,
Un beau cloître désert où poussent les orties,
Des ramiers tournoyant au-dessus des sapins,
Suffisent à charmer vos soirs et vos matins.

Quand vous reposerez près de votre village,
Au milieu des cyprès, dans le calme des champs,
Des amis inconnus qu'auront émus vos chants
Salueront d'un regard votre tombe au passage.

En traversant la Loire, ainsi j'ai fait souvent
A Donges, où tu dors, près de la vieille église,
Pauvre Boulay-Paty, consolé par le vent
Qui berce les ormeaux penchés sur l'onde grise.

NUIT DE MORT

Sur le lit funéraire elle était étendue,
Blanche, douce et glacée ainsi qu'une statue.

La tempête grondait autour de la maison ;
Les ombres de la nuit montaient à l'horizon.
On avait éloigné ses enfants de la chambre.
Le bruit de nos sanglots et du vent de décembre,
Qui tourmentait les mâts des bateaux dans le port,
Par instants troublait seul un silence de mort.

Sombre nuit ! nous pensions à d'autres nuits funèbres,
Et nous comptions nos morts couchés dans les ténèbres...

Vannes, 1876.

A MA PETITE JEANNE

Jeanne, entends-tu le rouge-gorge
Chanter sur le pampre jauni,
Et le lourd marteau de la forge
Au fond du village endormi ?

Regarde la blanche gelée
Sur les toits dorés par le jour,
Et le chemin de la vallée
Que descend un petit pâtour.

Nous partons pour un long voyage.
A ce pays fais tes adieux ;
Afin d'emporter son image
Ouvre bien grands tes jolis yeux.

Tu vois sur ce coteau sévère,
Dominés par un vieux cyprès,

Les murs de l'ancien monastère.
Tous les soirs nous passions auprès.

Une pauvre femme y demeure,
Près du tombeau de ses enfants,
Voulant jusqu'à sa dernière heure
Garder leurs tristes ossements.

Dans nos cœurs conservons comme elle,
Sur les chemins de pleurs semés,
Un souvenir doux et fidèle
De tous ceux qui nous ont aimés.

UN TABLEAU DE PANINI

À M. Dugast-Matifeux

Un groupe harmonieux de colonnes antiques
Profilant sur le ciel leurs longs fûts ioniques,
Porte une large frise aux riches ornements.
La corniche est brisée, et parmi ses fragments
Poussent des oliviers et des plantes sauvages.
Ce sont les fiers débris d'un temple des vieux âges.
Une arcade superbe au centre du tableau
S'ouvre, et nous laisse voir un élégant tombeau
Bâti sur un rocher, plus loin, des monts bleuâtres.
Épars au premier plan, des femmes et des pâtres,
Des soldats, dont l'un porte une lance à la main,
Assis près d'un ruisseau sur l'herbe du chemin,
Ou sur les bas-reliefs détachés des portiques,
Écoutent une femme en vêtements antiques,
Qui, le bras étendu, debout sur le degré,

Éloquente, leur parle un langage inspiré.
Sans doute, à ces guerriers acharnés à détruire,
Elle montre ces blocs de marbre et de porphyre
Et leur dit que le temps suffit à tout briser,
Que tuer est impie et qu'il faut mépriser
La gloire qui fleurit dans le sang et les larmes.
Sous leurs casques d'acier on voit les hommes d'armes,
Immobiles et froids, sourire à ces discours.
Peut-être les bergers songent à leurs amours !

Musée de Nantes.

A CARHAIX

A M. J. Lucas de Peslouan

A Carhaix, ce vieux bourg, cœur du pays breton,
Un soir j'étais assis sur le Champ-de-bataille,
Et j'admirais au loin les monts de Cornouaille,
Qui font un cirque immense et ferment l'horizon.

La lune vint dorer l'esplanade déserte
Et le héros de bronze au front doux et savant.
Des ormeaux dans l'air bleu tremblait la cime verte.
La tour de Saint-Trémeur sonnait l'heure en chantant.

Sous les pâles rayons je relus l'élégie
Où de Malo Corret Brizeux chante la mort,
Montrant son cœur percé par la lance ennemie,
Plein pour la liberté d'un amour pur et fort.

Ma pensée unissait dans une même gloire
Ceux qui pour le pays s'immolent noblement,
Et l'artiste inspiré, dont le fier monument
Des héros disparus consacre la mémoire.

EN JUIN

A ma femme

Avant que le soleil ait brûlé nos gazons,
Viens voir notre jardin. Quelques pâles bourgeons,
Quand tu partis, naissaient à peine sur les branches.
Aujourd'hui tout est vert. Les mauves, les pervenches
Recouvrent les rochers sur le pont du ruisseau,
Et, chaque jour, je vois grandir au bord de l'eau
Les cannes de Provence, aux tiges frissonnantes.
A l'ombre des figuiers dont les feuilles luisantes
Repoussent les rayons, les glaïeuls vont s'ouvrir,
A côté des muguets qui cessent de fleurir.
Déjà les tamarins perdent leur fleur rosée ;
Déjà l'amaryllis est flétrie et brisée.
Viens vite ; le printemps s'enfuit, et les beaux jours
Comme les frais jardins sont faits pour les amours.

DÉPART DE NANTES

A M. Frédéric Passy

Près du fleuve glacé, comme des flammes d'or,
Dans un air pâle et bleu, brillent les réverbères.
Le soir du vieux château voile les tours sévères ;
La haute cathédrale est éclairée encor.

Sur sa blanche colonne, on voit parmi les ormes
Louis Seize debout dans de roses vapeurs,
Et plus près, chancelant sous les ans destructeurs,
D'Anne et de Richemont les images informes.

Quelques beaux escadrons aux casques argentés
Passent en soulevant des flots gris de poussière.
Une foule les suit ; ils partent pour la guerre,
Bravement, mais le cœur et les yeux attristés.

Beaucoup ne verront plus ces flèches élégantes,
Ce fleuve aux bras nombreux qui réfléchit vingt ponts,
Ni ces vastes palais brodés de grands balcons,
Ni ce donjon scuplté du vieux château de Nantes !

UN CHAMP DE BATAILLE

DU BOURGUIGNON

A M. Pierre Morin

Des cadavres nombreux sont couchés sur la plaine.
Sanglants et mutilés, pâles et déjà nus,
Car les soldats vainqueurs dépouillent les vaincus.
L'un d'eux, vieux lansquenet, montre une bourse pleine
A ses chefs, fiers seigneurs aux panaches flottants,
Montés sur des chevaux encor tout frémissants.
Ce butin dans leurs yeux met un éclat barbare.
Des cavaliers groupés sonnent une fanfare,
Afin de rallier autour de leurs drapeaux
Les soldats appelés à des combats nouveaux.
Mais, sourds à cet appel, enivrés de carnage,
Ceux-ci ne songent plus qu'à finir le pillage,

Et pour leur arracher les derniers vêtements,
Sans souci de leurs cris, achèvent les mourants
Une vive lumière, un soleil d'Italie
Éclaire ce tableau de rage et de folie.
Des villes, des châteaux, de remparts entourés,
Font de charmants lointains sur les monts azurés.

Musée de Nantes.

UN CAMP DE PHILIP WOUWERMAN

A M. A. Laisant

Dans un pays brumeux les tentes sont dressées,
Autour d'un arbre grêle au hasard dispersées.
Des drapeaux au sommet, des couronnes de fleurs
Disent que c'est un camp de bataillons vainqueurs.
Un gros reître flamand sonne de la trompette.
On allume des feux et le repas s'apprête.
De jeunes cavaliers aux costumes brillants
Quittent leurs beaux coursiers blancs et bruns, tout fumants.
L'un d'eux salue avec son feutre à grande plume ;
Un autre, agenouillé, vide gaîment et hume
Un verre de cristal qu'un page lui remplit.
Un chien jappe aux jarrets d'un cheval qui bondit ;
Un soudard fait l'amour avec la vivandière,
Tandis qu'en mendiant passe une pauvre mère
Qui serre un nourrisson tristement dans ses bras.
A l'horizon prochain de ce ciel terne et bas
Où flottent dans le bleu des lambeaux de nuage,
Des bateaux hollandais dorment près du rivage.

Musée de Nantes.

LE CHATEAU DU RUSQUEC

A M. Émile Grimaud

Au milieu des bois, dans une clairière,
Sous des châtaigniers aux puissants rameaux,
Soudain j'aperçus des vasques de pierre,
Superbes débris, fontaines sans eaux.

Et devant mes yeux un château gothique,
Aux pignons aigus, ornés de fleurons,
Ouvrait largement son portail antique,
Qui, depuis longtemps, n'a vantaux ni gonds.

La vigne sauvage et la clématite
Pendent aux créneaux des murs de granit ;
Sur le toit croulant qu'un fermier habite
Un beau genêt d'or se penche et frémit.

Deux dogues hurlaient, secouant leur chaîne,
Contre l'étranger qui troublait ces lieux ;
Un taureau farouche, au pied d'un grand chêne,
Frottait son dos roux sur le tronc rugueux.

Quand passait un pâtre, un bouvier rustique,
Je l'interrogeais sur ces vieilles tours ;
Il me répondait en langue celtique,
Langue des aïeux qui fleurit toujours.

AU PONT D'ESPAGNE

A ma mère

Un jeune Navarrais vêtu de velours bleu,
Léger comme un isard, traverse la montagne.
La neige sur les pics fond au soleil de feu ;
Il descend et s'arrête au bord du pont d'Espagne.

Le Gave aux eaux d'argent dans le gouffre bondit,
En couvrant les rochers de bruine légère
Où l'arc-en-ciel décrit deux cintres de lumière.
A l'ombre des sapins, le Navarrais s'assit.

Il admirait les monts couverts de forêts vertes,
Et les rhododendrons fleuris près du torrent.
Un vieux berger passa sur le pont lentement,
Conduisant son troupeau vers les cimes désertes.

Le berger dit : « Salut ! je vous ai vu joyeux,
« Assis sous ce mélèze à l'automne dernière.
« Vous veniez de la plaine où vos tapis soyeux
« Plaisent aux étrangers qui boivent notre eau claire.

» Je descendais des pics où la neige tombait ;
« Mais je n'étais pas seul ; alors j'avais ma fille.
« Elle cueillit pour vous quelques fruits de myrtille.
« Dans le jour qui suivit, la mort me l'emportait. »

Et le vieillard reprit vers les cimes prochaines
Le sentier du désert pour y passer l'été.
Se levant en silence et le cœur attristé,
Le jeune Navarrais descendit dans les plaines.

    Cauterets.

LES ILES ENCHANTÉES

A M. J. Foulon-Menard

Dans un pays couvert de taillis et de landes,
Que domine la tour du château de Princé,
Pays cher aux sorciers, aux conteurs de légendes,
Reste un charmant témoin des amours du passé.

C'est un étang semé d'îlettes verdoyantes
Qu'un jeune duc de Retz fit creuser autrefois.
Il voulut y trouver, dans l'ombre des grands bois,
Un asile discret pour ses fêtes galantes.

Durant les nuits d'été, sous les rayons d'argent,
Les seigneurs y soupaient au milieu des feuillages.
Des torches s'allumait le feu rouge et changeant ;
Les oiseaux s'éveillaient aux chants joyeux des pages.

Souvent l'amour rustique à son tour s'est caché
Dans ces îlots déserts, parmi les vertes branches
Couvrant d'ombre aujourd'hui les renoncules blanches
Qui fleurissent l'étang à demi desséché.

LE MEUNIER DU FAOUET

A Madame E. Riom

L'Ellé comme un torrent court sur un lit de pierre
Dont les reines des prés couvrent les bords fleuris,
Entre deux grands coteaux, l'un chargé de taillis,
L'autre aride et rocheux, tapissé de bruyère.

Admirable vallée, où le seul bruit des eaux
Se mêle au bruit du vent ! Une vieille chapelle
S'élève dans les bois, et, frappant ses vitraux,
L'aurore y fait briller une rouge étincelle.

Un jeune pèlerin monte pieusement
L'escalier de granit aux rampes magnifiques.
Il vient de sainte Barbe honorer les reliques,
Égrenant un rosaire avec foi, lentement.

Son regard est fixé sur sa main mutilée
Que la balle d'un Maure a brisée à jamais,
Dans une plaine blanche et du soleil brûlée,
Quand il était soldat sous le drapeau français.

Mais il a pu revoir son moulin dans les landes,
Les halles du vieux bourg où se vend le froment.
Il est venu remplir son vœu fidèlement,
Naïf esprit, nourri de naïves légendes.

A FONTARABIE

A Similien Maisonneuve

Dans une rue étroite où tombe le soleil,
Entre de vieux palais, lourds, mais de nobles formes,
Aux balcons ouvragés, aux écussons énormes,
Passe une belle enfant, svelte et de teint vermeil.

Sa robe aux longs plis droits est noire. Sur sa tête
Elle porte un panier de jonc plein de fruits mûrs.
Elle marche à pas lents, cherchant l'ombre des murs
Et des grands toits sculptés, dont s'avance le faîte.

Le clocher de l'église et le château carré,
Au fond, sur un ciel bleu, montent dans la lumière.
Les stores d'un palais sont baissés, et, derrière,
Chante une mandoline, au son grêle, éploré.

Un crêpe déjà vieux couvre les armoiries
De ce palais en deuil où vient d'entrer l'enfant,
Fille d'anciens seigneurs, frais rameau fleurissant
Dans le triste abandon des races appauvries.

SUR LA COTE DE LA PLAINE

A M. Henry Pelletier

Près de la hutte au toit d'argile
Où vont s'abriter les chasseurs,
Et que des tamarins en fleurs
Entourent d'un buisson mobile,

Cherchons de l'ombre. Il est midi ;
Le soleil brûle le rivage ;
Le flot montant couvre la plage ;
Le dernier pêcheur est parti.

Les oiseaux, fuyant vers les îles,
S'envolent en blancs tourbillons.
Au loin, sous leurs beaux pavillons,
De grands vaisseaux sont immobiles.

Sur la Loire, dans les vapeurs,
On dirait une flotte entière
Près d'un clocher. C'est Saint-Nazaire,
Jadis petit nid de pêcheurs.

Bercés par le doux bruit des ondes,
Rêvons, laissons errer nos yeux
Dans ce ciel pur, sur ces flots bleus
Qui mènent jusqu'en d'autres mondes...

A LA MÉMOIRE DE FÉLIX THOMAS

Ce médaillon de plâtre où vous avez sculpté
Un cheval d'Orient superbe de fierté,
Chaque jour, devant moi rappelle votre image,
O vieil ami, parti pour l'éternel voyage.

Le temps déjà s'éloigne où, près de vous assis,
De vos savants travaux j'écoutais les récits,
Et voyais vos crayons dans une esquisse vive
Relever les palais de l'antique Ninive,
Ses murailles, ses tours aux ornements d'émaux,
Ses portes que gardaient de monstrueux taureaux,
Dont le visage d'homme et le regard de pierre
Inspiraient la terreur et bravaient la lumière.

Architecte prenant le ciseau du sculpteur,
Laissant pour le pinceau la pointe du graveur,
Disciple du Poussin, puis des maîtres de Flandre,
Ame désenchantée et pourtant noble et tendre,

Vers l'idéal encor vous cherchiez un chemin,
Quand soudain vint la mort, qui glaça votre main.
Parmi les souvenirs de votre vie errante,
Vos pinceaux choisissaient quelque image riante :
Une ville d'Asie avec ses minarets ;
Un vieux pêcheur romain qui jette ses filets ;
Des buffles noirs couchés dans une île du Tibre ;
L'Arabe du désert passant sous son ciel libre ;
Un couvent de Sicile et son dôme lointain ;
La grève à Noirmoutiers aux blancheurs du matin ;
Des moutons bruns paissant au bord d'une vallée ;
Dans les marais d'Ostie une tour isolée...

Fuyant le bruit du monde et laissant au hasard
Le soin de révéler votre nom et votre art,
Rien ne parut troubler vos études sereines.
Vos glorieux amis d'Italie et d'Athènes,
Baudry, Charles Garnier, venaient l'été parfois
Chez vous respirer l'air de la mer et des bois.
Si de leur fier génie il vous manquait la flamme,
Vous étiez leur égal par le goût et par l'âme !

A L'AUBE

A Henri Linyer

Les prés et les taillis sont baignés de rosée.
J'entends chanter le râle au milieu des genêts,
Et les jeunes perdreaux courant sur les guérets;
La campagne s'éveille et semble reposée.

L'aiguillon sur l'épaule, un vieux bouvier conduit
Vers un étang voisin qui brille entre les herbes,
Quatre bœufs accouplés, lents, graves et superbes.
Un lapin sort des joncs et devant eux s'enfuit.

Des cors font vibrer l'air de leur chanson sonore ;
Au loin hurle une meute au fond d'un chemin creux;
Un cavalier paraît sur le ciel lumineux,
Chasseur en habit rouge éclairé par l'aurore.

Il s'éloigne à travers la lande, où des moulins
Épars sur les hauteurs tendent déjà leurs ailes.
Tout bruit s'éteint, hormis le cri des sauterelles
Et des cloches du bourg les tintements lointains.

AUX FÉLIBRES DE PROVENCE

O pays du ciel clair et des riches vallées,
Où le soleil ardent jaunit les vieilles tours,
Où sur les murs blanchis des fermes isolées
Le dôme vert des pins jette l'ombre toujours !

O pays de Mireille et des plaines arides,
Pays des étangs bleus qu'effleurent les courlis,
Des pâles oliviers, du Rhône aux eaux rapides,
Terre où Rome a laissé de si nobles débris !

Provence, de ton sein se lèvent les poètes
Pour chanter ta beauté, ta gloire, tes amours.
Ils vont de ville en ville et de fêtes en fêtes.
Sommes-nous ramenés au temps des troubadours ?

D'Arles et d'Avignon nous viennent sur les brises
Le son des tambourins, le bruit des rimes d'or.
Ils trouvent des échos dans nos montagnes grises,
Et font luire un rayon dans les brumes d'Armor.

Les poètes bretons sont frères des Félibres.
Brizeux, qui les chanta, les bénit en mourant,
Et Péhant, le vieux maître aux accents fiers et libres,
Versa la poésie à Roumanille enfant.

L'ŒILLET DES DUNES

Sur les dunes de mon pays,
Près des flots de la mer immense,
J'allais cueillir, dans mon enfance,
Des œillets au printemps fleuris.

Humbles œillets, pâles et frêles !
Les vents du rivage natal
Agitaient leurs petites ailes.
Ils semblaient poudrés de cristal.

Tandis qu'auprès d'eux l'immortelle,
Au milieu des joncs frissonnants,
Gardait sa couleur éternelle,
Ils mouraient avec le printemps.

Œillet marin, fleur passagère,
Rose aujourd'hui, sèche demain,
Je te prends pour orner la main
De ma pauvre muse éphémère.

SOUVENIRS ET LÉGENDES

L'INDÉPENDANCE BRETONNE

A Louis Urvoy de Portzamparc

Depuis que la Bretagne à la France est unie,
Depuis qu'Anne, laissant sa mémoire bénie,
Dort dans la basilique où reposent les rois,
L'anneau d'or s'est changé souvent en lourdes chaînes,
Et, malgré les serments, nos annales sont pleines
Du récit des combats livrés contre nos droits.

La France nous jeta parmi tous ses orages.
La paix n'a pas fleuri longtemps sur nos rivages,
Et la Ligue bientôt nous souffle sa fureur :
Les cités sont en feu, les châteaux en ruines ;
Leurs vieux remparts chargés de lierres et d'épines
Nous rappellent encor Fontenelle et Mercœur.

Louis le Grand paraît, et, pour payer sa gloire,
L'Impôt vient affamer dans sa chaumière noire
Le pauvre laboureur et son troupeau d'enfants.
Il se plaint... on abat les clochers, les futaies;
On pend nos paysans vêtus de larges braies,
Et les dames de France en font des mots plaisants.

Quand de jeunes seigneurs, amants de leur patrie,
Rêvent sa liberté, — naïve rêverie, —
Philippe le Régent les livre à ses bourreaux.
En face du Bouffay, le vieux donjon de Nantes,
La hache fait tomber quatre têtes sanglantes.
Fier Pontcallec, ta mort fut celle d'un héros.

D'où vient qu'on n'entend plus du haut des flèches grises
Tinter joyeusement les cloches des églises ?...
— Une morne Terreur plane sur le pays !
L'horrible guillotine est debout dans nos villes.
Voici les sombres jours de nos luttes civiles,
Le temps des proconsuls envoyés de Paris.

Puis c'est Napoléon, le fléau de la Guerre.
Adieu la lande verte et la fleur de bruyère !

Il faut aller mourir sous des climats lointains.
La France de son chef veut accroître la gloire ;
Il faut toujours courir de victoire en victoire,
Pauvre soldat breton, accablé de dédains !

Ah ! si, comme autrefois, la terre de Bretagne
Etait libre !... le pâtre, assis sur sa montagne,
Le pêcheur, sur la grève où se plaisent ses yeux,
Vivraient sans redouter l'exil de leur jeunesse,
Au loin, chez des Français dont le mépris les blesse,
Et qui n'ont que l'Argent et la Force pour Dieux !

LETTRE A MA MÈRE

Sous le ciel du Midi par l'hiver exilée,
Tu presses de tes vœux le retour du printemps.
Les Alpes, aux sommets de neige immaculée,
Les monts de l'Estérel et leurs pins murmurants,
Cannes et ses palmiers, son beau golfe et ses îles,
Sa grève où les canots restent couchés tranquilles
Dès que le vent ternit l'air pur et les flots bleus,
Rien ne fait oublier à ton cœur et tes yeux
Ta petite maison dans ton bourg de Bretagne,
Pornic et son château de lierre tout vêtu,
Son môle de granit par l'Océan battu,
Les blés verts, les ajoncs qui couvrent sa campagne.
Notre âme est ainsi faite. En nous sentant vieillir,
Nous n'aimons plus quitter le toit où nous vécûmes,
Où notre cœur a pris ses goûts et ses coutumes,
Où nous avons souffert, où nous voulons mourir.
Quand, aux jours pluvieux et sombres de l'automne,

Nous te vîmes partir avec ta pauvre enfant,
Fuyant les vents glacés de la côte bretonne,
Nous étions agités d'espoir et de tourment.
Enfin, voici vos champs de roses qui fleurissent ;
L'anémone s'entr'ouvre aux pentes des coteaux ;
Parmi vos oliviers, les amandiers verdissent,
Semant de blancs débris le sol rouge et les eaux.
Vous allez revenir. Ici la terre est grise ;
La gelée a flétri tous les gazons des prés ;
Point d'hirondelle encor sur la tour de l'église ;
Mais le saule a déjà ses beaux chatons dorés,
Et des souffles si doux arrivent sur nos plages
Qu'on les dirait venus de vos tièdes rivages.

A PROPERCE

Properce, ta Cynthie était belle sans doute,
Puisque tes vers ardents ont décrit sa beauté
Et que ta muse aimait à compter goutte à goutte
Les pleurs que te coûta son infidélité.
Quand tu lui promettais de la rendre immortelle,
Poète, tu savais le pouvoir de tes chants.
L'image que ton art voulut nous tracer d'elle
Est fraîche encor malgré les siècles impuissants.
Se parant des tissus de Cos et de Syrie
Qui voilaient ses contours sans les cacher aux yeux,
Les cheveux parfumés de myrrhe d'Arabie,
Nous la voyons passer près des temples des Dieux
Assise sur un char soulevant la poussière,
Ou bien seule avec toi cherchant l'ombre légère
De l'arbousier qui croît dans un site écarté,
Aux bords silencieux du Clitumne argenté.

O charmes de l'amour ! puissance du génie !
Ils ont transfiguré cette femme flétrie
Qui creusait d'un regard bien des gouffres profonds,
Qui fit répandre l'or et le sang et les plaintes,
Et dont le seuil peut-être a subi les affronts
Des couronnes de fleurs et des torches éteintes !

SOLITUDE

Les bouleaux argentés se mirent dans l'eau claire
D'une petite mare au milieu des taillis.
Les chênes sont encor desséchés et rougis,
Mais la jacinthe bleue et la blanche stellaire
Fleurissent les gazons qu'avril a reverdis.

En filant sa quenouille, une vieille Bretonne
Garde un maigre troupeau dans la clairière épars.
Elle chante ; sa voix tremblante et monotone
Dans l'air frais du matin paisiblement résonne.
Sur elle son chien noir attache ses regards.

La bécassine vient sans crainte à côté d'elle
Boire à l'étang l'impide, et les verdiers jaseurs
S'y baignent à loisir, puis vont sécher leur aile
Sur un rameau de saule ou sur une asphodèle
Dont leur poids fait plier la pyramide en fleurs.

Tu chantes, pauvre femme, oubliant ta misère,
Tes enfants disparus de ta froide maison.
Attendant que la mort ferme ta bouche amère
Et te couche auprès d'eux doucement sous la terre,
Tu berces ta douleur dans ta vague chanson !

L'ATELIER D'UN SCULPTEUR

A la mémoire d'Amédée Menard

Le sculpteur était mort et l'atelier désert.
Un jour triste tombait d'un ciel pâle et couvert
Sur les grands bas-reliefs et les blanches statues
En désordre rangés près des murailles nues.

J'allais le cœur serré, mais d'un œil curieux,
Parmi tous ces héros, ces nymphes et ces Dieux.
Que de rêves, d'efforts pour atteindre la gloire !
Il avait tout tenté, la légende et l'histoire,
Pauvre artiste vieilli dans l'ombre et les soucis.
Voilà le roi Grallon sur son cheval assis,
Près d'Alain Barbe-Torte, à l'âme frémissante,
Qui dresse vers le ciel sa main reconnaissante ;
Baco, le vaillant maire au cœur républicain ;

Puis *le Forban* guettant un navire lointain ;
Sainte Anne qui bénit les marins de Bretagne ;
La *Loi* calme et debout, *la Force*, sa compagne ;
Et, chef-d'œuvre élégant de l'artiste breton,
Un Mercure, agaçant de son léger bâton
Deux serpents amoureux qui relèvent la tête
Et s'enroulent ensemble autour de la baguette
Devenant caducée aux mains du jeune Dieu.

Durant ses derniers jours, quand il vint dire adieu
A ces êtres muets, enfants de sa pensée,
Le vieux sculpteur, devant cette foule pressée,
Sur son front dut sentir passer un souffle fier.
Entre les hauts clochers dentelés de Quimper,
Il vit son roi Grallon chevaucher dans les nues,
Les villes et les bourgs peuplés de ses statues,
Et, pour se consoler, put croire que son nom
Vivrait dans l'avenir cher au peuple breton.

LE CIMETIÈRE DU CROISIC

A ma sœur Marie

Comme dans ma jeunesse, au milieu des salines
Dont l'argile rougit sous les eaux cristallines,
Ce matin j'ai chassé l'alouette de mer.
Près des pignons aigus d'une vieille chapelle
La tour de Batz au loin se découpait dans l'air.
Tout le ciel était bleu ; pas un arbre autour d'elle ;
Partout des talus gris et des marais brillants
Où s'entasse le sel en petits monceaux blancs.

Je me pris à rêver de mes jeunes années.
Parmi mes souvenirs de fraîches matinées,
Je me rappelais celle où j'entrai curieux
Dans le grand cimetière où dorment mes aïeux.
J'y vis un beau lys rose éclos entre les tombes,
Et, fuyant d'un cyprès, un couple de colombes.

La mer verte grondait sur les rochers voisins,
Et j'entendais jouer dans un des vieux moulins
Dont les tours de granit dominent le rivage
Un air de biniou gracieux et sauvage.
J'avais douze ou treize ans ; j'étais seul en ce lieu.
Ce beau lys, ces ramiers fuyant dans le ciel bleu,
Ce chant mélancolique et doux de cornemuse
M'émurent, et ce fut là que naquit ma muse.

L'OISEAU BLEU

A ma petite Anne-Marie

Tu tends tes petites mains blanches
Vers l'oiseau bleu, couleur du ciel,
Que j'ai frappé d'un plomb mortel,
Au bord de l'eau, parmi les branches.

Tu lui parles bien tendrement,
De peur qu'au loin il ne s'envole;
Mais il n'entend pas ta parole;
Ses yeux sont fermés tristement.

Il est mort. Quand tu veux des roses,
Par le fer il faut les cueillir.
Ainsi l'homme, pour en jouir,
Fait mourir les plus douces choses.

HERMINE

LÉGENDE DU XVᵉ SIÈCLE

A M. F. du Breil de Marzan.

I. — LE CHATEAU DE NANTES

Près du grand pont-levis du beau château de Nantes,
Sous une voûte sombre, entre deux grosses tours,
Quelques jeunes seigneurs en toilettes brillantes,
Maillots bleus ou gris-perle et pourpoints de velours,
Sont groupés à côté d'un vieux soldat de garde
Dont un rayon joyeux frappe la hallebarde.

Par ce matin d'avril, les douves du château
Frissonnent au vent frais, et, se croisant sur l'eau,
Voltigent en criant les folles hirondelles.
Dans la cour, lentement, deux jeunes demoiselles,
Que suit leur gouvernante, approchent pour sortir.
On les voit en passant légèrement rougir,
Quand chacun des seigneurs devant elles s'incline.

C'est Hermine de Brech, une riche orpheline,
Et l'enfant de Landais, le puissant Trésorier.
Hermine dans sa main porte un joli psautier
D'où sort un romarin, car c'est Pâques fleuries.
Elle est blonde et charmante avec ses grands yeux bleus,
Et sa blancheur rosée et son port gracieux,
Sous son manteau de soie aux souples draperies.
Tous les jeunes seigneurs la suivaient du regard,
L'un d'eux surtout, le bel Olivier de Bégard.
De l'église voisine il gagne les approches.
Dans la ville sonnaient gaîment toutes les cloches.

II. — DANS LA CATHÉDRALE

Portant des romarins, des rameaux de buis verts,
Le peuple à flots bruyants sort de la cathédrale.
Dans la nef Olivier est immobile et pâle :
Il observe un rival ; ses pensers sont amers.
Debout, non loin d'Hermine, éclatant de parure,
Le prince de Léon la dévore des yeux.
Il est de haute taille et de fière tournure,
Jeune aussi, redouté, vaillant et généreux.

Hermine, assise, attend que le peuple s'écoule.
Dès qu'elle s'est levée, il écarte la foule
Et la suit. Aussitôt rejoint par Olivier,
Ils arrivent ensemble auprès du bénitier,
Puis à la jeune fille, émue et rougissante,
Ils offrent l'eau lustrale. Un moment hésitante,
Hermine fait au prince un salut gracieux,
Mais, se tournant soudain vers Olivier joyeux,
Prend, en les effleurant, l'eau sur ses doigts humides,
Et, le cœur tout troublé, s'éloigne à pas rapides.

Le prince de Léon, Olivier de Bégard,
Comme d'un glaive nu se percent du regard.

III. — LA PRAIRIE DE MAUVES

Avec sa gouvernante, Hermine était assise
Sur la berge du fleuve, où le soleil couchant
Jetait des reflets d'or dans l'onde lente et grise.
Derrière ses remparts, sur un ciel pâlissant,
Nantes montrait ses toits et la haute tour sombre
Du Bouffay, vieux donjon déjà voilé par l'ombre.

Hermine s'attristait de la rivalité
D'Olivier de Bégard et du prince irrité.

Le galop d'un cheval, au loin, dans la prairie,
La surprit tout à coup, troublant sa rêverie.
Elle leva les yeux, et dans le cavalier
Eut vite reconnu l'élégant Olivier,
A son chaperon vert et son aigrette noire.

Il suivait un sentier qui conduit à la Loire.
Il fut bientôt près d'elle et s'arrêta soudain,
Puis à la gouvernante indiquant de la main
Qu'elle eût à s'éloigner, il s'approcha d'Hermine.
— « Je vous aime, dit-il ; Hermine, m'aimez-vous ? »
— « Olivier, je n'aurai que vous seul pour époux,
« Je le dis devant Dieu » répondit l'orpheline.

Il lui baisa la main, et, lançant son coursier,
Disparut sous un frêne, au détour du sentier.

IV. — LA CONSPIRATION

Le chancelier Chauvin, prisonnier de Landais,
Etant mort de chagrin, de faim et de misère,

Ses amis, les seigneurs du parti des Français,
Contre le Trésorier résolurent la guerre.
Hermine par hasard découvrit leur dessein.
La fille de Landais était sa jeune amie ;
Du père elle voulait au moins sauver la vie.
Ce terrible secret faisait battre son sein.

Dans le château ducal tout dort. Elle se lève ;
Elle allume en tremblant sa lampe de cristal,
Puis écoute, et n'entend que le bruit inégal
Des soldats sur les tours et des flots sur la grève.
Couverte d'un manteau, sa lampe dans la main,
En longeant la muraille, elle va comme une ombre
Dans un long corridor silencieux et sombre ;
Du seuil du Trésorier elle approche. Soudain,
Le cœur glacé, saisi d'une terreur mortelle,
Comme un spectre elle voit se dresser devant elle,
Sortant d'un escalier qui conduit au donjon,
Le rival d'Olivier, le prince de Léon.
Alors elle se trouble ; elle éteint sa lumière,
Mais tout le corridor au même instant s'éclaire.
A l'autre bout s'avance un groupe de seigneurs.

Elle rentre, en fuyant sous leurs rires moqueurs,
Sans songer, pauvre enfant si timide et si pure,
Qu'ils croyaient la surprendre en galante aventure.

V. — L'INSULTE

Le bruit se répandit que l'infidèle Hermine
Avait pris pour amant le prince de Léon,
Et qu'on les avait vus descendre du donjon,
Au milieu de la nuit. En raillant l'orpheline,
Un des jeunes seigneurs avertit Olivier ;
Il chercha son rival, voulant le défier.

Hermine traversait le placis de Saint-Pierre.
Près du puits elle vit quelques pauvres vieillards
Et pour les secourir ouvrait son aumônière,
Quand Olivier survint, le feu dans les regards.
En passant auprès d'elle, il détourna la tête.
Devant un tel mépris, Hermine, stupéfaite,
Comprit la calomnie, et, malgré son effort,
Lentement s'affaissa, plus pâle que la mort.

VI. — NUIT DE PRINTEMPS

L'âme d'Hermine est sombre et pleine d'épouvante :

Le prince de Léon en combat singulier

A tué, le matin, le brillant Olivier.

Il est mort sans savoir qu'elle était innocente.

Son amour, son honneur, tout s'écroule à la fois.

Ses yeux ne sont frappés que d'images sanglantes ;

Le complot des barons est connu des bourgeois.

Landais a pu s'enfuir, mais le peuple de Nantes

Assiège le château pour chasser les seigneurs,

Qui, dans la nuit, guidés par le prince d'Orange,

Ont entouré le duc et sont ses oppresseurs.

Hermine voit, mêlés dans cette foule étrange,

Des marchands, des soldats, des piques, des mousquets.

Elle entend le tocsin et les arquebusades ;

Sur le pont les seigneurs ont mis des barricades

Et du haut des remparts font pleuvoir les boulets.

Mais le peuple est immense et grossit d'heure en heure :

La herse est enfoncée. Au parti de Landais

Pour quelques jours encor la victoire demeure.

Les hauts barons vaincus vont chercher les Français.

Tous les bruits sont éteints et la nuit est venue,

Nuit qu'éclaire la lune aux doux rayons d'argent.

L'étoile du Berger scintille à l'orient.
Debout à sa fenêtre, Hermine, demi nue,
La regarde briller avec des yeux hagards.
Elle sort de sa chambre et va sur les remparts.
Sa raison est perdue ; elle se croit souillée,
De sa blancheur de vierge à jamais dépouillée.
Elle ne veut plus vivre. A ses pieds les flots clairs
Qui s'en vont lentement se perdre dans les mers,
En roulant les reflets vacillants des étoiles,
L'invitent à venir se cacher sous leurs voiles.
La voilà qui se penche au-dessus des créneaux,
Et comme un cygne blanc s'élance dans les eaux !

Des pêcheurs qui suivaient le bord de la rivière,
Dirent qu'ils avaient vu, couronné la lumière,
Un ange aux blancs habits paraître sur la tour,
Et s'envoler au ciel avec un chant d'amour.

EN PASSANT A TOULOUSE

Ville aux rouges clochers dorés par le soleil,
Cité de Godolin et de Clémence Isaure,
Dans ton grand Capitole au vieux donjon vermeil,
A d'illustres enfants tu feras place encore.

Non, tu n'est pas déchue : au fond de leurs tombeaux
Rivalz et Bachelier ont reconnu des frères
En Laurens et Mercié venant, avec Falguières,
Embellir la cité de chefs-d'œuvre nouveaux.

Toulouse, tes palais, tes vastes basiliques,
Restaurés avec art s'élèvent rajeunis,
Comme au souffle de mai les lierres reverdis
S'enlacent aux piliers de tes cloîtres gothiques.

J'écoute dans tes tours les carillons joyeux
Qui tintent les vieux airs pour annoncer les fêtes.

Ton peuple sait encor les noms de tes poètes ;
Il a reçu Mistral en hôte glorieux.

Que toujours en ton sein les âmes soient tournées
Vers un noble idéal, ainsi que le passant
Regarde à l'horizon les blanches Pyrénées
Dressant dans le ciel bleu leurs beaux sommets d'argent.

Toulouse, veille de la Fête-Dieu, 1879.

LE CHASSEUR DE MACREUSES

A M. Raymond du Doré

Par une nuit d'hiver, un chasseur de macreuses
Allait voir ses filets, tendus sur des brisants
Isolés au milieu des plages sablonneuses
Que la mer au reflux laisse quelques instants.

L'horizon était clair et le ciel plein d'étoiles.
Le chasseur atteignit sans peine les rochers,
D'où ses yeux découvraient au loin de blanches voiles,
Le feu rouge d'un phare et les tours des clochers.

Il trouva ses filets tout remplis de macreuses,
Et s'attarda. Soudain la brume s'éleva ;
L'horizon disparut : plus d'étoiles joyeuses ;
Ni phares, ni clochers ; et la mer s'avança.

Pas un souffle de vent ne traversait la brume.
Nul bruit que le bruit sourd du flot calme et montant.
Le chasseur voulut fuir ; mais des vagues d'écume
Déjà jusqu'aux genoux le baignaient en passant.

Il courut à grands pas cherchant en vain la côte,
Trompé par les courants qui confondaient leurs flots.
L'eau bientôt l'entoura, plus houleuse et plus haute.
Il cria dans la nuit, mais sans trouver d'échos.

Il vit la mort venir, et, songeant à sa femme,
A ses pauvres enfants, doucement endormis,
Il sentit de douleur se déchirer son âme,
Et, regardant le ciel, poussa vers Dieu ses cris.

Tout à coup dans la brume un son clair de clochette
Tinta, lointain encore, et dirigea ses pas ;
Puis deux fanaux tremblants brillèrent sur sa tête,
Au sommet d'un rocher qu'il n'apercevait pas.

Il tressaillit ; d'un bond il toucha le rivage
Et vit sur le chemin un prêtre et deux enfants,
Par ce matin d'hiver allant vers un village
Porter le viatique à des agonisants.

LA STATUE DE CLAUDIEN

Claudien vit dans Rome élever sa statue,
Pour avoir célébré par des vers éclatants
Du hautain Stilicon les triomphes sanglants.
Mais bientôt sous ses yeux elle fut abattue ;
Et ses chants aujourd'hui seraient bien oubliés,
Si quelques vers charmants aux tièdes eaux d'Apone
Et sur l'étroit bonheur du vieillard de Vérone,
Ne parlaient de sa gloire aux moindres écoliers.
La grâce a triomphé du temps et de la haine.
Une fleur est parfois plus forte qu'un grand chêne.

LE SUISSE DU PAPE

A M. O. Biou

Sous les portiques de Saint-Pierre,
Par un clair de lune argenté,
Un soldat suisse à mine fière
Songe au pays qu'il a quitté.

Devant ces superbes fontaines
Dont les panaches murmurants
Dans leurs vasques marmoréennes
Tombent en flots de diamants,

Il pense au puits de son village
Dont l'eau coule au flanc d'un pilier
Portant à son sommet l'image
D'un rustique et vieux chevalier.

Il voit passer des jeunes filles
Au corset noir brodé d'argent,

Des garçons tenant des faucilles
Et jetant des chansons au vent.

Il voit au loin des cimes blanches
Qu'empourprent l'aurore et le soir ;
De grands bois remplis de pervenches
Et des lacs purs comme un miroir ;

Lucerne aux tourelles gothiques,
Berne et ses vieux porches cintrés,
Bâle aux cloîtres mélancoliques,
Genève et ses flots azurés.

Il se dit que Rome et sa gloire
Sont moins pour lui qu'au frais matin
Une cigogne blanche et noire
Sur son clocher au bord du Rhin.

MARSEILLE

ESQUISSE DE VOYAGE

A. M. le docteur Merland

Magnifique cité, porte de l'Orient,
Parmi tes oliviers, sous ton beau ciel riant,
Aussi bleu que les flots qui baignent tes collines,
L'aube vient t'éclairer de teintes purpurines.
J'admire les vaisseaux si pressés dans tes ports ;
Leurs mâts entremêlés font comme une dentelle.
Ton phare brille encor sur sa blanche tourelle,
Et je vois se dresser au-dessus des vieux forts
La jeune cathédrale aux superbes coupoles
Que peupleront des saints entourés d'auréoles.
Les monuments lointains sont voilés de vapeurs.
Seul le Palais des Arts avec ses colonnades

Paraît à l'horizon tout doré de lueurs.
J'entends monter dans l'air de vagues sérénades.
La ville se réveille, et, de son haut clocher
Que le soleil levant d'un rayon va toucher,
La Vierge de la Garde, ainsi qu'un bon génie,
Sur Marseille et la mer étend sa main bénie.

SOUS LES NOYERS D'EVIAN

A ma petite Madeleine

Sous les noyers d'Evian aux feuillages dorés,
Je regarde pâlir le lac bleu de Genève ;
Les barques aux grands mâts de vert d'eau colorés
Près des quais de granit se rangent sur la grève.

Un cygne revenant du château de Chillon
Vers celui de Coppet s'en va comme un poète.
Il nage mollement sur l'eau qui le reflète,
Derrière lui laissant à peine un blanc sillon.

La lune argente au loin les monts de la Savoie ;
Un phare sur le lac fait trembler ses lueurs ;
L'horizon du Jura dans la brume se noie ;
Au bord du môle assis causent les vieux pêcheurs.

Et moi je pense à toi, petite Madeleine,
Que ta mère en chantant couche dans ton berceau.
C'est l'heure où j'allais voir à travers ton rideau
Tes yeux bleus se fermer, écoutant ton haleine.

UN VIEIL AMI

A la mémoire de M. F.-J. Carou

J'avais un vieil ami courbé sous les années.
Le sourire habitait sur ses lèvres fanées ;
Il aimait les enfants. Quand j'étais écolier,
Ensemble nous cherchions des fleurs pour son herbier,
Sur la grève où rampaient les pâles soldanelles,
Dans les marais, parmi les iris et les prêles.
Il vivait doucement au village natal ;
Pornic était pour lui le pays idéal.
Lorsqu'il voyait, l'été, sur l'eau bleue et tranquille,
Les voiles des pêcheurs passer, blanche flotille,
Entre les rochers gris et les tours du château,
Il disait : « Où trouver un plus charmant tableau ? »
Et de son petit bourg il écrivit l'histoire.
De piquants souvenirs remplissaient sa mémoire ;
Il avait voyagé. Comme plus d'un vieillard,

Il contait longuement, non sans verve et sans art.
Souvent il me parlait du beffroi de Bruxelles,
Des moulins de Hollande avec leurs grandes ailes,
Au milieu des prés verts tout rayés de canaux,
Où se dressent les mâts pavoisés des vaisseaux.
Il aimait les chansons et les danses rustiques,
Les usages anciens, simples et poétiques.
Il s'éteignait en paix près de sa vieille sœur.
La mort vint ; il la vit sans effroi ni douleur.

L'ABBAYE DE LA CHAUME

A M. Stéphane de la Nicollière-Teijeiro

Un colombier désert et des murs en ruines,
Dans une morne plaine où les brises marines
Courbent en gémissant quelques hauts peupliers,
Voilà les seuls débris d'un de ces vieux moutiers
Dont les barons de Retz avaient semé leurs terres.
Harscoid bâtit ce cloître aux arcades sévères.
Glemaroch est le nom de son premier abbé.
Sur tous ses successeurs le silence est tombé,
Hors le brillant Gondi, le héros de la Fronde.
De bruit et de scandale il a rempli le monde,
Loin du couvent obscur à ses ordres soumis;
Mais les autres abbés, humbles, se sont transmis,
Dans l'ombre et dans la paix, la crosse pastorale.
Ils ont prié, donné d'une main libérale.

Leur écusson d'azur chargé d'une croix d'or
Aux souvenirs du peuple est resté cher encor....

Je passe en regardant ces ruines lointaines.
Sur la mousse des bois j'entends tomber les faînes ;
La marouette chante au milieu des roseaux ;
De longs nuages gris se mirent dans les eaux ;
Le vent d'automne, ainsi que les Muses latines,
Me dit que tout périt, tout, même les ruines.

LA JUIVE DE TUNIS

A M. Paul Perret

Sous sa chemisette de soie
Et son maillot rouge élégant,
On dirait un page charmant,
Souple comme un jonc qui se ploie.

C'est la fille d'un vieux rabbin ;
Une négresse est auprès d'elle,
Sur la terrasse d'un jardin.
Au loin la mer bleue étincelle.

Elle regarde à l'horizon
Les dômes blancs d'une mosquée,
Et s'ennuie. On l'a fiancée;
Elle est captive en sa maison.

Afin que sa beauté légère
Prenne des contours opulents,

La gonflant de mets succulents,
Son père la tient prisonnière.

Aussi svelte qu'un minaret,
Cette enfant deviendra pesante.
Elle ira bouffie et traînante
Vers un époux non moins replet.

Ainsi déformant la nature,
L'homme d'Orient dépravé
Ne voit pas, quand il l'a trouvé,
L'idéal de la beauté pure.

LA FONTAINE DE DIANE

A NIMES

Source charmante et diaphane,
Tes flots étaient faits pour les Dieux.
Ils n'auraient pu voiler aux yeux
La chaste beauté de Diane.

La déesse a quitté tes bords,
Son joli temple est en ruines,
Et les échos païens sont morts
Sous les colonnades voisines.

Sur son socle de marbre blanc,
Reboul, poète aux chants mystiques,
Semble rêver en écoutant
Ton murmure au pied des portiques.

Les Dieux passent, mais ta beauté
A tout instant se renouvelle,
Et chaque flot verse sur elle
Plus de fraîcheur et de clarté.

LES PÊCHEURS D'HENDAYE

A. M. le général Mellinet

Une barque longeait la côte de Biscaye,
Devant Fontarabie, en cinglant vers Hendaye.
Deux pêcheurs la montaient, jeunes et vigoureux,
Vêtus de toile blanche avec des bérets bleus.
C'était un jour d'été ; du côté de la terre
Les monts se découpaient dans la pure lumière.
Sur la rive debout, près d'un champ de maïs,
Brune comme le sont les filles du pays,
Une belle Espagnole, à la taille élégante,
Suivait des yeux la barque, et de sa main charmante
Saluait les pêcheurs qui répondaient tous deux,
Car tous deux ils l'aimaient. Sombres, silencieux,
Leurs regards se chargeaient d'une haine mortelle.
Ils l'aimaient, et bientôt éclata la querelle.
Chacun d'eux avait mis la main sur son couteau.

« N'ayons d'autres témoins que le soleil et l'eau ;
« Allons en pleine mer, » dit l'un d'une voix sourde.
Le vent ne soufflait plus et la voile était lourde.
La barque s'éloignait des côtes lentement.
Quand ils ne virent plus qu'au loin, confusément,
Fontarabie assise au penchant des collines
Avec son clocher jaune et ses tours en ruines,
La barque s'arrêta. Toujours silencieux,
Les deux jeunes pêcheurs se mesuraient des yeux.
Celui qui gouvernait soudain quitta la barre ;
Il abaissa la voile et d'un élan barbare
Plongea sa lame aiguë au flanc de son rival.
Celui-ci tout sanglant bondit comme un chacal.
Alors ce fut entre eux une lutte hideuse
Qu'interrompaient des cris de rage injurieuse.
L'agresseur tomba mort ; l'autre était expirant ;
Il resta jusqu'au soir étendu dans le sang.
Des Basques qui rentraient, leur pêche terminée,
Ramenèrent au port la barque abandonnée.

UNE LEÇON D'ÉRASME

Un soir le vieil Érasme, infirme, maigre et pâle,
Assis au bord d'un cloître entouré de tombeaux,
Regardait tristement fuir entre les coteaux
Les eaux vertes du Rhin sous le grand pont de Bâle.

Trois jeunes gens causaient, discutant, près de lui,
Sur le souverain Bien, but de la vie humaine,
Et leur naïve ardeur à son front plein d'ennui
Ramenait par instants une lueur sereine.

— « C'est l'amour, disait l'un aux yeux bleus attendris ;
— « Non, c'est la Liberté, fit un autre, âme fière ;
— « Pour moi, c'est la Science, une pure lumière
« Qui pénètrerait tout, les corps et les esprits. »

Le vieillard écoutait. « Votre recherche est vaine, »
Leur dit-il lentement ; « enfants, tout passe et fuit,
« L'amour, la liberté, la science incertaine ;
« Le Bien, c'est le repos, le silence et la nuit. »

LE BERGER DE GAVARNIE

A M. Léon Maître

Devant le cirque immense aux étages de neige,
Dominé par les Tours blanches du Marboré,
Est assis un berger qu'un manteau brun protège.
Il regarde les monts dont il est entouré.

Il n'entend que le bruit des cascades nombreuses
Et le tintement clair des cloches des troupeaux,
Parfois le cri d'un aigle, ou sur le bord des eaux
Un merle qui s'enfuit vers les cimes rocheuses.

Il est là tout le jour, seul et silencieux.
Sur la mousse, à ses pieds, quand le printemps arrive,
Naissent des fleurs ainsi que des diamants bleus.
Il n'est point ébloui de leur couleur si vive.

Dans un calme profond il vit fier et content.
Quand le vent du Midi chassant les noirs nuages

Fait mugir l'ouragan dans les gorges sauvages,
Il observe le ciel et sans crainte il attend.

Impassible berger, homme à la rude écorce,
Faut-il tremper son âme aux neiges d'un glacier
Pour être comme toi fait de marbre et d'acier?
O pâtre, donne-nous le secret de ta force!

Juin 1879.

LA TEMPÊTE

A mon frère

Perdu dans les brouillards et l'embrun de la mer,
Penché sous la rafale aux clameurs furieuses,
Un grand vaisseau vêtu d'une armure de fer
S'est arrêté devant les lames monstrueuses.

Ces montagnes d'eau verte aux crêtes écumeuses
Viennent de l'horizon où luit un rayon clair,
Les unes s'écroulant, blanches ondes laiteuses,
Les autres bondissant et s'élançant dans l'air.

L'homme avec son vaisseau sous la tempête immense,
Ayant vu le néant de son intelligence,
Comme un feuillage mort s'abandonne et se tait.

La nature en fureur ignore sa présence
Et se livre sans frein à sa folle démence.
Dieu seul est là veillant pour y mettre un arrêt.

DANS UN BOURG D'ITALIE

A Alfred Delmas

L'église est toute blanche et le clocher tout rose ;
Un grand pin sur le dôme étend son éventail ;
Les flots viennent baigner l'escalier du portail
Où, fuyant le soleil, un pêcheur se repose.

Il est jeune et bien fait. Assise à son balcon,
Dans la maison voisine une fille le guette.
Pour attirer ses yeux, elle avance la tête,
Et bientôt à mi-voix murmure une chanson.

Il semble insouciant et demeure immobile,
Le regard attaché sur les horizons bleus.
Mais soudain le plaisir éclate dans ses yeux....

Un filet sur l'épaule, au coin du campanile,
Il voit, fraîche et riante avec de blonds cheveux,
Une enfant de quinze ans dont il est amoureux.

UNE EXPOSITION DE COURBET

Quand j'entrai dans la salle où les tableaux du Maître
Montraient son art puissant nourri de vérité,
Je compris son orgueil, car il avait su mettre
Sur ses toiles la vie et parfois la beauté !
Le superbe portrait de *l'homme à la ceinture*,
L'hallali dans la neige, et les grands cerfs ardents
Luttant au fond des bois, sous l'épaisse ramure,
A côté des bourgeois et des prêtres d'Ornans,
Prouvaient que dans l'esprit du Franc-Comtois vulgaire
L'idéal pénétrait par éclats de lumière.
Qui peignit mieux que lui les ciels clairs de l'été,
L'eau fraîche des torrents baignant les branches vertes,
Les fleurs d'un cerisier nouvellement ouvertes
Et l'Océan houleux sur les grèves jeté ?

L'ILOT DÉSERT

A M. de Wismes

Aux vastes bouches de la Loire,
Dans la solitude des eaux,
Paraît un îlot sans histoire
Que seuls habitent les oiseaux.

Il est ceint d'antiques murailles
Comme les forts démantelés.
Jamais on n'y vit de batailles
Qu'entre des combattants ailés.

Au centre de l'île déserte
S'élève encore un vieux menhir,
Couvert de mousse jaune et verte,
D'un héros muet souvenir.

Tombeau d'un guerrier ou d'un barde,
Le marin depuis deux mille ans,
Passant sur ces flots, te regarde,
Immobile témoin des temps.

Autour de toi, gardes fidèles,
Les oiseaux cherchent nuit et jour
Un lieu de repos pour leurs ailes,
Au printemps un nid pour l'amour.

AU BORD DU RHIN

A Albert de Feriet

J'étais au bord du Rhin, près d'une île où s'élève
Un vieux château roman, tel qu'un poète en rêve,
Avec des toits aigus bizarrement groupés
Et de hauts remparts gris par le soleil frappés.
Au loin se déroulaient les montagnes couvertes
De donjons ruinés parmi les forêts vertes,
Les cités et les bourgs reflétant dans les eaux
Leurs clochers et leurs murs couronnés de créneaux.
Je me disais : Voilà le pays des légendes
Qui mêlèrent l'azur aux brumes allemandes,
Votre pays, Uhland, chantre des chevaliers,
Hebbel, âme tranquille aux récits familiers,
Heine, au sourire amer parfois mouillé de larmes,

Kœrner, au vers sonore et plein du bruit des armes
J'apercevais le cap où, dans les nuits d'été,
Loreley la perfide autrefois a chanté.
Je pensais : C'était toi, Poésie, ô sirène
Dont la voix nous enivre et souvent nous entraîne.
Que de pauvres rêveurs dans les flots emportés
Ont disparu broyés par les réalités !

PAYSAGE BRETON

A Alcide Leroux

Le ciel est mélangé d'azur et de nuées.
Sur les marais salants de légères buées
Flottent, et les rayons argentés du soleil
Eclairent les vieux toits du manoir de Carheil,
Au sommet d'un coteau qui regarde Guérande.
Des poiriers tout fleuris blanchissent les jardins.
A côté du manoir s'étend un champ de lande
Penché vers un étang qu'ombragent des sapins.
Là, parmi les ajoncs où butine l'abeille,
Court une blonde enfant radieuse et vermeille.
Son père, un métayer au grand chapeau breton,
S'est assis pour la voir sur un mur en ruines.
C'est dimanche ; on entend des églises voisines
Les clochers de granit chanter à l'horizon,
Et le paysan lit gravement des prières
Tandis que l'enfant joue et cueille des bruyères.

LA GENTIANE BLEUE

A M. F. Longuécand

J'ai cueilli dans la neige au flanc des Pyrénées
La gentiane bleue à l'éclat de saphir ;
Je l'ai vue à Carnac au pied d'un grand menhir ;
Les vierges à Lucerne en étaient couronnées.

J'en conserve une fleur dans un médaillon d'or,
Et bien qu'avec le temps elle se soit ternie,
Chaque fois que mes yeux la retrouvent encor,
Je sens monter en moi des flots de poésie.

LA FONTAINE DE STANISLAS

A PLOMBIÈRES

A Pitre de Lisle

En errant un matin dans les bois de Plombières,
Je vis un Polonais, pauvre artiste ambulant,
Lire, sur un rocher d'où tombent des eaux claires,
Quelques vers qu'un poète écrivit en passant.

Au bon roi Stanislas ces vers sont un hommage.
Il cherchait en été la fraîcheur de ces eaux.
Ce site lui plaisait, solitaire et sauvage.
Il s'asseyait souvent au pied de ces ormeaux.

Il aimait ces rochers, la clairière déserte,
Le cri de l'écureuil et l'appel des coucous,
L'odeur du chèvrefeuille et de la mousse verte,
Le bruit du vent qui siffle en traversant les houx.

Le Polonais lisait et relisait ces rimes
Il ignorait ton nom, chevalier de Boufflers,
Mais pour lui tu valais les poètes sublimes.
Il voyait tout ému son pays dans tes vers.

AMICÆ MEÆ

Tout me ramène à toi, ma femme bien-aimée;
La beauté du printemps qui conseille l'amour,
L'ombre fraîche des bois et l'herbe parfumée,
La douceur du rayon mourant avec le jour.
L'eau des sources qui tremble aux frissons du feuillage
A côté de la mienne éveille ton image.
Si dans ces vallons verts peuplés de hauts sapins,
J'aperçois des enfants passant sur les chemins,
Je vois autour de toi nos fillettes chéries
Et je sens dans mes yeux des larmes attendries.

Plombières.

LA ROSE BLANCHE

Un poète est couché sur son lit de souffrance.
A travers sa fenêtre, il voit dans le ciel bleu
Des colombes voler et s'attriste en silence
D'être privé des champs et du soleil de Dieu.

Il songe aux verts taillis fleuris de primevères,
Aux nénuphars dorés sur les ruisseaux flottants,
Aux épis violets des hautes salicaires ;
Mais soudain il respire un parfum de printemps :

Sa porte s'est ouverte et, tenant une rose
Blanche et fraîche cueillie aux lueurs du matin,
Sa jeune femme approche et près de lui la pose ;
Il prend la fleur et met un baiser sur la main.

LÉGENDE

A M.-F. M. Luzel

Sur l'étang glacé qu'éclaire la lune,
On entend gémir l'oiseau de la mort.
Il vole, effleurant de son aile brune
Les roseaux flétris penchés vers le bord.

Où va-t-il porter ce cercueil de chêne,
L'ouvrier qui passe au pied du château ?
— Ce cercueil est fait pour la châtelaine.
C'est un triste lit pour un corps si beau.

Dans le haut donjon brille une lumière.
Là, sur un grand lit tendu de velours,
Ses doigts blancs croisés ainsi qu'en prière,
La dame est couchée et dort pour toujours.

Près d'elle à genoux, seul, veille en silence
Le jeune seigneur son fidèle époux.
Il sanglote et prie, et la nuit s'avance.
Comme une statue il reste à genoux.

Quand l'aube aux vitraux lança la lumière,
Des larmes de glace étaient dans ses yeux.
Son visage était plus froid que la pierre :
La mort avait pris les deux amoureux.

LA CITÉ DE CARCASSONNE

Comme une vision des temps chevaleresques,
Un matin m'apparut cette vieille Cité
Dressant sur un coteau, dans le ciel bleu d'été,
Sa couronne de tours gothiques et moresques.

Leurs toits aigus brillaient comme des toits d'argent ;
Au-dessus des remparts la merveilleuse église
Montrait les clochetons de sa façade grise,
Entre de hauts cyprès que balançait le vent.

L'Aude au fond du ravin roulait son eau tarie
Sur de pâles graviers à demi découverts.
Un troupeau près du pont broutait les saules verts,
Gardé par un vieux pâtre à la barbe fleurie.

J'entrai dans la Cité. La fille du gardien
Prit ses clefs et monta l'escalier des murailles.
Je suivais écoutant ses récits de batailles,
De massacres affreux, honte du nom chrétien.

O temps des Albigeois sombres et poétiques,
Où l'amour et la foi rugissaient dans les cœurs ;
Où le chant du trouvère excitait aux fureurs,
Comme le manteau blanc des moines fanatiques !

La fillette étendit sa main vers l'horizon
Et montra les sommets lointains des Pyrénées,
Où passa Charlemagne emmenant ses armées,
Quand Roland succombait trahi par Ganelon.

L'enfant mêla le nom d'Arthur à ses légendes,
Et mon cœur tout à coup par le rêve emporté,
A travers le ciel bleu, bien loin de la Cité,
Vola vers mon pays, la Bretagne et ses landes.

UNE STATUE A BRIZEUX

Toi que Brizeux chanta dans ses vers immortels,
Toi la grande Cité, Porte de la Bretagne,
Qui gardes dans tes murs les marbres éternels
Où notre dernier Duc dort près de sa compagne,

Nantes, ne dois-tu pas au Poète breton
Qui mit toute sa gloire à chanter sa patrie,
Les *Bretons* et *Primel*, la *Fleur d'or* et *Marie*,
Un monument durable et digne de son nom ?

Tu n'as point pour t'orner un peuple de statues.
Au seuil de la Bretagne, il serait beau de voir,
Accueillant l'étranger qui traverse tes rues,
Le Barde du Pays dont l'œuvre est un miroir.

Son tombeau fut dressé par sa ville natale,
Au bord de ces flots gris qui baignent les menhirs.
Son ombre y peut rêver parmi ses souvenirs
Et pleurer du Passé la défaite fatale.

C'est le Barde savant, de gloire environné,
C'est l'artiste inspiré par Athène et Florence,
Que Nantes doit placer, de laurier couronné,
Sur un haut piédestal d'une pure élégance.

Qu'un habile sculpteur, nouveau Donatello,
Nous montre le poète au temps de sa jeunesse,
Quand, le cœur plein d'amour et de douce tristesse,
Il venait de Paris revoir le pont Kerlo.

Qu'on lui mette à la main son livre de *Marie*,
D'où sort, signet charmant dans les pages mêlé,
Un humble et frais rameau de bruyère fleurie,
Comme il en croît au bord du Scorff et de l'Ellé.

Près de la cathédrale et du château gothique,
Entre Anne et Richemont, Clisson et Duguesclin,
L'image du Poète en bronze florentin
Vous évoquerait tous, héros de l'Armorique !

LE CLOCHER DE STRASBOURG

A M. Albert Bourgault-Ducoudray

Noble Strasbourg, sur ton clocher sublime,
Bijou de pierre élancé vers le ciel,
J'étais monté rêvant d'art éternel :
Autour de moi je regardais l'abîme ;
Mais étendant sa main vers les flots bleus
Du Rhin qui court dans la vallée immense,
Le vieux gardien me parlait de la France,
Et je voyais des larmes dans ses yeux.

Sur les grands toits aux lucarnes nombreuses,
Hôtes du Nord respectés et bénis,
Je vous suivais, cigognes voyageuses,
Traversant l'air ou debout dans vos nids ;
Mais m'indiquant les lignes de défense
Des monts lointains sous le ciel lumineux,
Le vieux gardien me parlait de la France
Et je voyais des larmes dans ses yeux.

Près d'un balustre en dentelle de pierre,
Un violier se balançait aux vents.
J'en admirais la fraîcheur printanière,
Je respirais ses parfums enivrants ;
Mais me montrant des saints pleins d'élégance
Qu'avaient brisés des boulets odieux,
Le vieux gardien me parlait de la France,
Et je voyais des larmes dans ses yeux.

Midi sonna ; puis les cloches bruyantes,
En ébranlant les échos de la tour,
Dirent au ciel le chant de chaque jour,
Joyeusement, toujours indifférentes ;
Mais le gardien s'écria soucieux :
Quand sonnera l'heure de délivrance ? »
Et tous les deux, en pensant à la France,
Nous nous sentions des larmes dans les yeux.

TABLE

AU PAYS DE RETZ

Au Lecteur	7
Les pifferari	9
La hulotte	11
Le menhir	12
Les couchers de soleil	14
Un jour d'automne	15
La lanterne des morts	16
Les passereaux	18
Les chansons d'une folle	20
La Tour des colombes	21
A un poète sceptique	22
Près d'un dolmen	23
L'urne de marbre	26
Le mendiant de Prigny	28
Les deux clochers	30
Souvenir du tombeau de Châteaubriand	31
La fontaine de saint Martin	33
Le bourg natal	36
La veuve	39
La route abandonnée	41

Le sonneur de biniou.......	42
La rose d'églantier..........	44
Le donjon de Machecoul........	45
Le Bec-du-Nid..........	47
L'idéal......	49
La jeune martyre........	50
La source......	51
La ballade de l'oublié........	53
Le pavillon des dunes......	56
Au lierre........	59
Une fille des champs........	61
Le tombeau du croisé........	62
La voile noire........	63
La chapelle de Saint-Gildas........	65

POÈMES ITALIENS ET BRETONS

Au Lecteur........	71
Sur la voie Appienne........	74
Técla........	76
Marion Kerner........	84
Ad summa........	86
Les soldats bretons........	89
Le tombeau de Virgile........	91
La paysanne........	93
Le couvent de Saint-Onuphre........	95
Le pardon de la Palud........	97
La redoute........	100
A ma mère........	102
Les paysans au Musée........	109

L'étranger...	106
Silence...	108
Le joueur de guitare.................................	109
La délaissée...	111
A un heureux..	113
Le clocher de Saint-Marc............................	115
Le colporteur..	119
En rêve..	120
Le retour des proscrits..............................	121
Le maître..	123
Devant un dessin d'Albert Durer....................	124
Deux figurines.......................................	125

CANTILÈNES

A la mémoire d'Émile Péhant........................	131
En octobre..	133
Eugène Cavaignac...................................	134
La mer..	136
Heure d'angoisse....................................	137
Pensée de décembre.................................	138
Les pêcheurs bretons................................	139
Paysage...	141
Soir d'été...	142
Soir d'hiver...	143
La chasse du poète..................................	144
Portrait...	146
En mai..	147
Le guide du Raz.....................................	149
Un bal costumé de Lancret..........................	152

Le marais de Bourgneuf-en-Retz	154
Henri Regnault	155
Une marine de Salvator Rosa	156
Les deux baronnes	157
Au lac d'Agnano	160
Souvenir de Bologne	161
Pont-Aven	162
Une esquisse d'Eugène Delacroix	163
L'anémone sauvage	164
Le mont Saint-Michel	166
Le bain des Nymphes	168
L'île Tristan	169
La Muse	171
Matin de mars	172
Chanson	173
Le page et la nymphe	175
Le palais Dobrée	177
A un poète de province	178
Nuit de mort	180
A ma petite Jeanne	181
Un tableau de Panini	183
A Carhaix	185
En juin	186
Départ de Nantes	187
Un champ de bataille du Bourguignon	188
Un camp de Philip Wouwerman	190
Le château du Rusquec	191
Au pont d'Espagne	193
Les îles enchantées	195
Le meunier du Faouet	196
A Fontarabie	198

Sur la côte de la Plaine.................................. 199
A la mémoire de Félix Thomas........................ 201
A l'aube.. 203
Aux Félibres de Provence............................... 204
L'œillet des dunes.. 205

SOUVENIRS ET LÉGENDES

L'indépendance bretonne............................... 209
Lettre à ma mère... 212
A Properce.. 214
Solitude... 216
L'atelier d'un sculpteur................................. 217
Le cimetière du Croisic................................. 219
L'oiseau bleu.. 221
Hermine.. 222
En passant à Toulouse................................... 230
Le chasseur de macreuses.............................. 232
La statue de Claudien................................... 234
Le suisse du pape.. 235
Marseille... 237
Sous les noyers d'Évian................................. 239
Un vieil ami... 240
L'abbaye de la Chaume................................. 242
La juive de Tunis.. 244
La fontaine de Diane à Nîmes........................ 246
Les pêcheurs d'Hendaye................................ 247
Une leçon d'Erasme..................................... 249
Le berger de Gavarnie.................................. 250
La tempête.. 252

Dans un bourg d'Italie...	253
Une exposition de Courbet......................................	254
L'îlot désert...	255
Au bord du Rhin...	257
Paysage breton...	259
La gentiane bleue...	260
La fontaine de Stanislas, à Plombières..................	261
Amicæ meæ..	262
La rose blanche...	263
Légende...	264
La cité de Carcassonne...	266
Une statue à Brizeux...	268
Le clocher de Strasbourg......................................	270

ACHEVÉ D'IMPRIMER

LE 27 AVRIL M D CCC LXXXII

PAR

Vincent Forest et Émile Grimaud

A NANTES

www.ingramcontent.com/pod-product-compliance
Lightning Source LLC
Chambersburg PA
CBHW071142160426
43196CB00011B/1975